［小学校］英語活動ネタのタネ

小泉清裕

Contents

はじめに		004
この本の構成		006
この本の特長と、活動の組み立て方		008
データCDについて		010
データCD収録内容一覧		116

Part 1　早めにおさえたい基本テーマ　　011

テーマ 01	形	身の回りにある形を見つけよう／立体は何でできている？／何に見えるかな？	012
テーマ 02	色	これはどこの国のポスト？／「ぶんぶんごま」を作ろう／この国旗には何色がある？／春は何色？	016
テーマ 03	数字	この形はいくつ？／ローマ数字で答えよう／オリジナルの数字を作ろう／地球の直径はどれくらい？	022
テーマ 04	時刻	英語で足し算にチャレンジしよう／今、何時かな？／時刻を当てよう／世界の国は今何時？	028
テーマ 05	アルファベット	アルファベットソングを歌おう／自分の名前で手を上げよう／誰の名前か分かるかな？／ペーパーキーボードで練習しよう	034

Part 2　身の回りにあるリアリティーあふれるテーマ　　041

テーマ 06	家の中	どの家に住みたい？／リビングルームには何がある？／自分の部屋に欲しいものは？	042
テーマ 07	動物	キリンの足型は二つ？／シロナガスクジラは何を食べる？／「河馬」の由来は？／「ウマ」が表す時刻は？	046
テーマ 08	学校・教室	英語で1塁～3塁は何て言う？／音楽室はどこにある？／これはどこにある？	052
テーマ 09	教科・時間割	クラスで人気の教科ベスト3は？／体育は何曜日の何時間目にある？／英語で時間割を書こう	056
テーマ 10	スポーツ	キックベースをしよう／自分の記録を測ってみよう／世界記録と比べてみよう	060
テーマ 11	料理	この道具は何に使う？／カレーライスを作ろう／パンケーキを作ろう／どの国の料理が好き？	064
テーマ 12	植物	これは何の花？／植物はいくつに分かれている？／どの部分を食べている？	070
テーマ 13	買い物	パーティーを計画しよう／欲しいものリストを作ろう／外国ではいくらかな？／日本が買っているものは？	074

Part 3	他教科との連動で好奇心が高まるテーマ		081
テーマ 14	乗り物	どれに乗りたいかな？／一番速いのはどれ？／東京－大阪間は何時間？／行ってみたい場所はどこ？	082
テーマ 15	西暦・年齢	100を作ろう／これはいつ建てられた？／先生と学校はどっちが若い？	088
テーマ 16	方位・地図	N、S、E、Wが表しているものは？／北はどの方角？／これは何の記号？／家の方角、距離を調べよう	092
テーマ 17	人物紹介	これは誰だろう？／この人の職業は何だろう？／福沢諭吉ってどんな人？	098
テーマ 18	季節・12カ月	この花はいつ咲く？／神無月は何月？／サンタクロースがサーフィン？	102
テーマ 19	比較	クラスで一番人気の食べ物は？／どちらが大きい？　重い？／インチで測ろう	106
テーマ 20	天気	この記号はどんな天気？／週末の天気を確認しよう／ワシントンの気温は92度！？／雨が多いのは何月？	110

Column 1
英語活動で大切なことは何ですか　021

Column 2
小学校での英語活動の目的は何ですか　027

Column 3
「コミュニケーション」って何ですか　033

Column 4
どのような英語活動をイメージしたらいいですか　039

Column 5
担任の先生がやるべきことは何ですか　051

Column 6
児童に期待できることは何ですか　069

Column 7
どのように英語を話せばいいですか　079

Column 8
ペア活動やグループ活動はどのようにしたらいいですか　087

Column 9
よりよい英語活動の実践に必要なものは何ですか　097

ほめる・はげますフレーズ　040

クラスルームイングリッシュ　080

ALTとのコミュニケーションフレーズ　115

はじめに

言葉もボールも「受け取る」ことから

「キャッチボール」という言葉があります。これは英語ではなく、日本でできた言葉です。英語ではplay catchと言い、Let's play catch.（キャッチボールをしましょう）のように使われます。決してplay pitchとは言いません。

言語の活動でも「言葉のキャッチボール」という言葉がよく使われます。誰も「言葉のピッチボール」とは言いません。言葉を交わすことの原点は、キャッチボールと同じように、言葉を受け取ることから始まります。

受け取れないボールは投げることができません。言葉のキャッチボールでも同じことが言えます。まず、相手の言葉を受け取れるようにならなければ、投げ返すことはできません。日本人は英語が話せないとよく言われますが、pitchより以前のcatchができないからボールを投げ返すことができないのです。

小学校英語活動でも、「英語のキャッチボール」を目指す必要があります。小学生は初めてグローブを手にして、英語というボールを受け取るのです。最初ですからボールが来るのが怖くてしかたがありません。腰を引いて、怖そうにしてグローブを構えます。この子どもに、プロ野球のピッチャーのように、時速140kmのボールを投げたらどのように感じるでしょうか。あまりの速さに目を閉じてしまい、二度とキャッチボールをしたくないと思うことでしょう。

初めてボールを受ける子どもとのキャッチボールでは、子どもが構えたグローブに目がけて、取りやすいボールを投げる必要があります。これを何回も繰り返してから、ちょっとだけ離れたところに投げてやり、それも取れるようになったら、次第にボールを速くして、あえて取りにくいボールを投げるようにすれば、いずれどんなボールでも取れるようになります。

キャッチボールの良さは、ボールを受け取った回数分、ボールを投げる機会があることです。受け取ることが必然的に投げることにもなりますので、できるだけたくさんのボールを子どもたちに投げてあげることが、小学校英語活動で求められます。

　そのためには、先生がグローブの真ん中にボールを投げてあげる必要があります。英語を苦手としている先生には酷な話のように感じるかもしれませんが、子どもが受け取れるボールは、近い距離から投げるゆるい速度のボールです。野球をあまり経験したことのないお父さんでも、子どもとのキャッチボールはできます。しかも、子どもとキャッチボールをしている間に、自分自身もキャッチボールがうまくなっていくことに気が付くことでしょう。

　この本では、私自身が小学校の子どもたちと何度も楽しくキャッチボールをした内容を、できるだけ分かりやすく解説してあります。先生が子どもたちと楽しく英語のキャッチボールをするための工夫をたくさんしてあります。この本の内容をもとにして、ご自身が最も投げやすいボールを投げて、子どもたちがそれを受け取れた喜びを心から感じることができる、充実した英語活動にしてほしいと願っています。

小泉清裕
（こいずみきよひろ）

昭和女子大学大学院文学研究科特任教授（非）。前昭和女子大学附属昭和小学校校長。都留文科大学英文科非常勤講師。日本私立小学校連合会会長。東京私立初等学校協会会長。日本児童英語教育学会（JASTEC）理事。専門は英語教育。幼稚園、小学校、中学校、高等学校、大学、大学院とあらゆる教育現場での指導経験をもつ。NHK（ETV）の英語番組『えいごでがんこちゃん』、初代『プレキソ英語』、『スーパーえいごリアン』の制作に監修者などとしてかかわる。小学校英語教材『JUNIOR COLUMBUS 21』、中学校英語教科書『COLUMBUS 21』（ともに光村図書）の編集委員を務める。著書に『現場発！小学校英語』（文溪堂）、『小学校からの英語教育をどうするか』（共著）（岩波ブックレット）などがある。趣味は料理と旅行。

この本の構成

　この本は20のテーマを3つのパートに分けて構成しています。Part 1（テーマ1〜5）は英語活動で基本となる形や色、数字など、早めにおさえておきたい内容を、Part 2（テーマ6〜13）は家や学校、スポーツなど子どもにとって身近な内容を、Part 3（テーマ14〜20）は、他教科での既習事項の内容を中心に各活動に取り入れています。

　各テーマの始めのページでは、目標や各テーマのポイント、導入の仕方、高学年向けの展開の仕方などを説明していますので、よく読んでから活動を実践してください。

〈テーマの構成〉

目標
テーマの内容を深く理解するための目標と、英語の表現に親しむ目標との2種類を挙げています。活動を進める際は、目標を念頭に置いて進めましょう。

このテーマのポイント
どのような点に気をつけて進めたらいいか、そのテーマを取り上げる上でおさえておきたいことを説明しています。

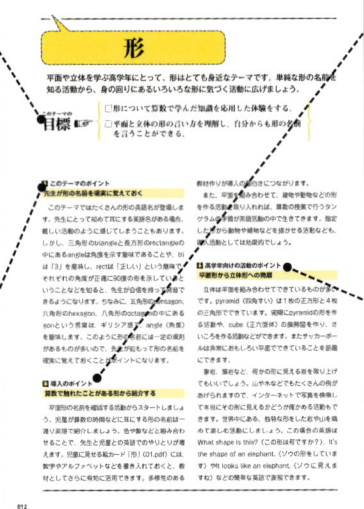

導入のポイント
テーマをどのように導入していけばいいか、注意点などをまとめています。

高学年向けの活動のポイント
高学年が興味を持つための工夫や、活動の展開方法について説明しています。

準備するもの、所要時間
絵カードやワークシートなど活動を進める際に必要なものです。所要時間は各活動にかかる最低限の時間を想定しています。

活動内容
活動の概要、進め方を説明しています。よく読んで活動に臨みましょう。

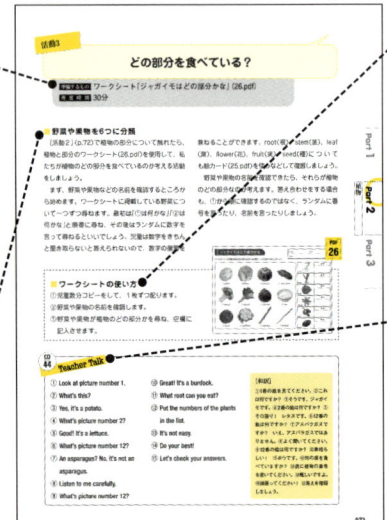

絵カード、ワークシートの使い方
活動での使い方の手順や、プリントアウトするサイズなどについて説明しています。PDFの番号はそのままデータCD内のファイル名（○.pdf）を示しています。

Teacher Talk（ティーチャートーク）
先生が活動でそのまま使えるフレーズです。番号は日本語訳と対応しています。繰り返し練習し、授業で使ってみましょう。

Column（コラム）

小学校英語活動を実践する上での気になる疑問に、著者が答えています。英語活動の目的や担任の先生に求められることなど、ヒントやアドバイスが詰まっています。

フレーズ

「ほめる・はげますフレーズ」「クラスルームイングリッシュ」「ALTとのコミュニケーションフレーズ」を紹介しています。覚えておくと心強いフレーズばかりです。CDを活用して練習しておきましょう。

データCD収録内容一覧

CDに収録されている音声とPDFデータの一覧です。使用する活動とページも記載していますので、参考にしてください。

絵カード収録語・ワークシートの答え

絵カードに収録している語句と日本語訳、ワークシートの答えを掲載しています。

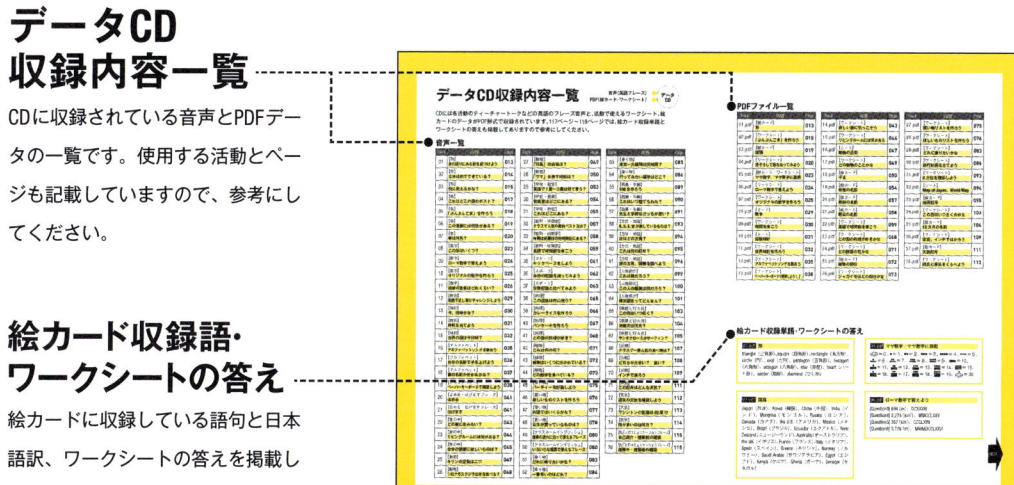

この本の特長と、活動の組み立て方

この本は、小学校英語活動を実践する際、どのような活動をイメージしたらいいか分からないという声に応えるために、すぐに活動に生かせるように、たくさんの活動をテーマ別に紹介しています。ここでは、この本の特長とともに、実際に収録している「時刻」をテーマにした活動を例に、活動の組み立て方を紹介します。

高学年に合わせた活動内容を厳選

　全20あるテーマは、それぞれのトピックに焦点をあてて、どのような活動を展開することが可能かという視点で構成しています。例えば、「色」というテーマでは、「世界の郵便ポストの色を比べる」「ぶんぶんごまを使って何色になるかを調べる」「国旗の色を確認する」「季節や心の色を表す」などのような活動を提示しています。単純な「色」というテーマが、高学年の学習レベルに合う生き生きとした活動になるように配慮しています。

クラスの学習状況に応じてアレンジが可能

　各テーマで示してある、活動は、活動1から2、3、4になるに従って、徐々に高度な内容になっています。それぞれの活動は児童の学習状況や興味によって、活動1から4までを続けて行っても構いませんし、活動1と2は5年生の時に、活動3と4は6年生の時に行うこともできます。後者の方法は、2年間にまたがって、同じ英語の語彙や表現に出合うため、復習の機会にもなり非常に効果的です。

　この本の活動の順番でも年間の活動案ができますが、すでに出来上がっている学校の活動案に照らし合わせて、それぞれのテーマを選び出し、部分的に使用してもいいでしょう。

2年間（70活動分）の英語活動に対応

　一つのテーマでどの程度の活動時間が必要かは、進め方によっても異なりますが、より多くの活動を展開できることが、優れた英語活動の条件の一つです。

　この本で紹介している各テーマも、少なくとも2～4時間分は活動を展開することができます。5、6年生には年間35回ずつの活動がありますので、一つのテーマで3時間分の活動を行えば、約10テーマで1年間の活動をカバーすることができます。この本には20テーマ（70活動分）収められていますので、2年間の活動に十分に対応できる活動数です。

　それぞれの活動を先生方がクラスの状況によってさらに変化させて、先生の思いのこもった活動を増やして、充実した活動を実践してくれることを期待しています。

自信を持って話せる中学1～2年レベルの英語表現

　活動を行う時に、特に心配になるのが英語での言い方でしょう。各活動には英語での表現例を載せています。付属のCDで繰り返し練習しておくと、単語を入れ替えるだけで、ほとんどの活動を英語で行えるようになっています。

　英語表現は中学1～2年レベルの英語ですので、あまり難しく感じることはないでしょう。付属のCDを聞いて、発音に気を付けながら何度か口頭練習を繰り返せば、安心して活動に臨むことができます。

充実の絵カード・ワークシート

　付属のデータCDには、たくさんの絵カードやワークシートがPDFファイルで収録されています。活動を充実させるには、絵カードやワークシートの存在が欠かせません。ワークシートを活用すれば、児童にとっては英語活動を楽しんだ証になりますし、別の機会や翌年の活動時に、再度そのワークシートを活用できる場合もあります。作業や書き入れをしたワークシートは、できるだけ保管させておくことをおすすめします。

　絵カードやワークシートはそのまま印刷して活用することもできますが、これらを参考に、クラスや児童の状況に合わせたオリジナルのワークシートを作ることもできます。

時刻をテーマにした、3時間分の活動の組み立て方の例

　「時刻」をテーマにした3時間分の活動の例を紹介します。これはこの本の「時刻」のテーマの活動（p.28～）を組み合わせたものです。先生方がこれにオリジナルのアイディアを加えることで、さらに楽しい、充実した活動にすることができます。

1. テーマ：時刻
2. 活動時間数：3時間
3. 対象児童学年：5年生または6年生
4. 活動のねらい：① 時刻や時計の面白さを体験する
　　　　　　　　②1から59の数字を自由に使えるようにする

活動プラン

1時間目	2時間目	3時間目
① 開始のあいさつ（2分） ② Seven Stepsを歌って1～10の数を確認する（7分） ③ 活動1：「英語で足し算にチャレンジしよう（p.29）」 ・「足して10」のゲームを徐々に数を増やして行う（15分） ・カード「数字」を使って「31を作ろう」のゲームを行う（20分） ④ 終了のあいさつ（1分）	① 開始のあいさつ（2分） ② 1～59の数字の確認（12分） （「足して10」「31を作ろう」のゲーム） ③ 活動2：「今、何時かな？（p.30）」 ・ワークシート「時間を書こう」への時刻の記入（10分） ・記入した時刻の確認（10分） ④ 活動3：「時刻を当てよう（p.31）」 ・シート「逆転時計」を使って時刻当てクイズ（10分） ⑤ 終了のあいさつ（1分）	① 開始のあいさつ（2分） ② 活動2：「今、何時かな？（p.30）」 ・シート「逆転時計」を使った時刻当てクイズ（10分） ③ 活動4：「世界の国は今何時？（p.32）」 ・ワークシート「世界時計を作ろう」を使って世界時計作り（5分） ・世界時計で時刻を確認（15分） ・インターネットで実際の時刻の確認（12分） ④ 終了のあいさつ（1分）
使用教材・教具 ○カード「数字」（08.pdf）	**使用教材・教具** ○ワークシート「時間を書こう」（09.pdf） ○シート「逆転時計」（10.pdf）	**使用教材・教具** ○シート「逆転時計」（10.pdf） ○ワークシート「世界時計を作ろう」（11.pdf） ○インターネットに接続可能なパソコン

データCDについて

付属のデータCDには、音声とPDFファイルが収録されています。音声はCDプレーヤーで聞くことができ、PDFファイルはパソコンで使用することができます。データCDの収録内容一覧は、116～119ページを参照してください。

PDFデータの使い方

PDFデータをパソコンで使用する際は、以下の環境を満たしている必要があります。

Windows

1. CDをドライブにセットすると、自動的にプログラムが起動します。Windows Vista以降では「自動再生」ウィンドウが開くことがあります。その場合は「start.exeの実行」を選択すると、プログラムが起動します。
※起動しない場合は「マイコンピュータ」を開いて『netanotane』のアイコンを選択すると、プログラムが起動します。
2. プログラムが起動したら、「フォルダを開く」を選択します。
3. 使用するPDFファイルを選択してください。
4. プリントアウトする際は、「ファイル」→「印刷」を選択します。お好みの用紙サイズを選択し、ページの拡大／縮小の項目で「用紙サイズに合わせる」を選択してプリントしてください。

推奨環境
- 日本語版Windows 7、Windows 8、Windows 8.1、Windows 9 & PDFビューア（Adobe Reader、Adobe Acrobat Readerなど）
※ CD-ROMドライブが必要です。

Macintosh

1. CDをドライブにセットすると、デスクトップ上に『netanotane』のCDアイコンが表示され、フォルダが開きます。
2. 使用するPDFファイルを選択してください。
3. プリントアウトする際は、「ファイル」→「プリント」を選択します。お好みの用紙サイズを選択し、ページの拡大／縮小の項目を「用紙サイズに合わせる」を選択してプリントしてください。

推奨環境
- Mac OS X El Capitan & PDFビューア（Adobe Reader、Adobe Acrobat Readerなど）
※ CD-ROMドライブが必要です。

推奨動作環境を満たすパソコンであっても、ハードウェアの機種、構成などによりデータを読み込まない場合があります。あらかじめご了承ください。

Adobe Readerについて PDFデータが閲覧できない場合は、下記のサイトからAdobe Readerをダウンロード（無償）してください。
http://get.adobe.com/jp/reader/

- 弊社制作の音声CDは、CDプレーヤーでの再生を保証する規格です。
- パソコンでご使用になる場合、CD-ROMドライブとの相性により、ディスクを再生できない場合がございます。ご了承ください。
- パソコンでタイトル・トラック情報を表示させたい場合は、iTunesをご利用ください。iTunesでは、弊社のCDのタイトル・トラック情報を登録しているGracenote社のCDDB（データベース）からインターネットを介してトラック情報を取得することができます。
- CDとして正常に音声が再生できるディスクからパソコンやmp3プレーヤー等への取り込み時にトラブルが生じた際は、まず、そのアプリケーション（ソフト）、プレーヤーの製作元へご相談ください。

著作権
データCDに収録された音声や絵カード、ワークシート等の著作権等は、著作権者より委託を受けて、株式会社アルクが管理するものです。私的使用（著作権法第30条）あるいは教育機関での複製等（著作権法第35条）に限り、使用することができます。上記以外の無断使用は法律で固く禁じられております。

Part 1

早めにおさえたい基本テーマ

- **テーマ01 形**
  - 身の回りにある形を見つけよう ……… 013
  - 立体は何でできている？ ……… 014
  - 何に見えるかな？ ……… 015

- **テーマ02 色**
  - これはどこの国のポスト？ ……… 017
  - 「ぶんぶんごま」を作ろう ……… 018
  - この国旗には何色がある？ ……… 019
  - 春は何色？ ……… 020

- **テーマ03 数字**
  - この形はいくつ？ ……… 023
  - ローマ数字で答えよう ……… 024
  - オリジナルの数字を作ろう ……… 025
  - 地球の直径はどれくらい？ ……… 026

- **テーマ04 時刻**
  - 英語で足し算にチャレンジしよう ……… 029
  - 今、何時かな？ ……… 030
  - 時刻を当てよう ……… 031
  - 世界の国は今何時？ ……… 032

- **テーマ05 アルファベット**
  - アルファベットソングを歌おう ……… 035
  - 自分の名前で手を上げよう ……… 036
  - 誰の名前か分かるかな？ ……… 037
  - ペーパーキーボードで練習しよう ……… 038

形

平面や立体を学ぶ高学年にとって、形はとても身近なテーマです。単純な形の名前を知る活動から、身の回りにあるいろいろな形に気づく活動に広げましょう。

このテーマの目標 👉
- □ 形について算数で学んだ知識を応用した体験をする。
- □ 平面と立体の形の言い方を理解し、自分からも形の名前を言うことができる。

▼ このテーマのポイント
先生が形の名前を確実に覚えておく

このテーマではたくさんの形の英語名が登場します。先生にとって初めて耳にする英語名がある場合、難しい活動のように感じてしまうことがあります。しかし、三角形のtriangleと長方形のrectangleの中にあるangleは角度を示す意味であることや、triは「3」を意味し、rectは「正しい」という意味で、それぞれの角度が正確に90度の形を示しているということなどを知ると、先生が自信を持って発音できるようになるでしょう。ちなみに、五角形のpentagon、六角形のhexagon、八角形のoctagonの中にあるgonという言葉は、ギリシャ語で、angle（角度）を意味します。このように形の名前には一定の規則があるものが多いので、先生が前もって形の名前を確実に覚えておくことがポイントになります。

▼ 導入のポイント
算数で触れたことがある形から紹介する

平面の形の名前を確認する活動からスタートしましょう。児童が算数の時間などに耳にする形の名前は一通り英語で紹介しましょう。色や数などと組み合わせることで、先生と児童との英語でのやりとりが増えます。児童に見せる絵カード「形」（01.pdf）には、数字やアルファベットなどを書き入れておくと、教材としてさらに有効に活用できます。多様性のある教材作りが導入の面白さにつながります。

また、平面を組み合わせて、建物や動物などの形を作る活動を取り入れれば、算数の授業で行うタングラムの学習が英語活動の中で生きてきます。指定した形から動物や植物などを描かせる活動なども、導入活動としては効果的でしょう。

▼ 高学年向けの活動のポイント
平面から立体への発展

立体は平面を組み合わせてできているものが多いです。pyramid（四角すい）は1枚の正方形と4枚の三角形でできています。実際にpyramidの形を作る活動や、cube（正六面体）の展開図を作り、さいころを作る活動などができます。またサッカーボールは非常に面白い平面でできていることを話題にできます。

象岩、猿岩など、何かの形に見える岩を取り上げてもいいでしょう。山や木などでもたくさんの例が挙げられますので、インターネットで写真を検索して本当にその形に見えるかどうか確かめる活動もできます。世界中にある、独特な形をした岩や山を眺めて楽しむ活動にしましょう。この場合の英語はWhat shape is this?（この形は何ですか？）、It's the shape of an elephant.（ゾウの形をしています）やIt looks like an elephant.（ゾウに見えますね）などの簡単な英語で表現できます。

活動1

身の回りにある形を見つけよう

準備するもの 絵カード「形」(01.pdf)
所要時間 20分

■ 形の名前から色や数字まで発展が可能

いろいろな形の名前について紹介しながら、色や数字、アルファベットなどの要素も取り入れた活動です。絵カード(01.pdf)には、12の色分けされた形が収録されています。用紙の裏側にマグネットを貼っておくと便利です。

まず、それぞれの絵カードを見せて、形の名前を英語で紹介します。紹介が一通り終わったら黒板に全ての絵カードを貼り、先生が形の名前を言ったら児童が色を答える、色の名前を言ったら形を答えるといった活動をします。それぞれの形に数字やアルファベットを大きく書いておけば、"What shape is No. 1?" "What color is 'A'?"のように色と一緒に尋ねて答えさせる活動もできます。

《形の種類》

triangle(三角形)、square(正方形)、rectangle(長方形)、circle(円)、oval(だ円)、pentagon(五角形)、hexagon(六角形)、octagon(八角形)、star(星形)、heart(ハート形)、sector(扇形)、diamond(ひし形)

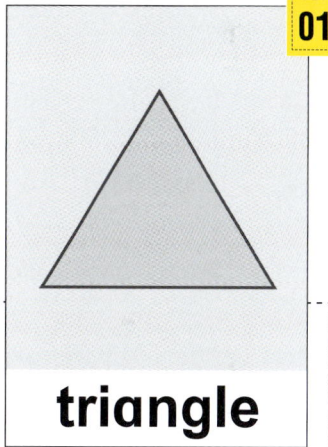

PDF 01

■ 絵カードの使い方
B5サイズやA4サイズなど、児童によく見える大きさでプリントアウトしておきましょう。

CD 01 Teacher Talk

① Look at this shape.
② What shape is this?
③ Does anybody know?
④ Good! This is a triangle.
⑤ What color is the circle?
⑥ What shape is the green one?
⑦ That's right.
⑧ This is a pentagon.
⑨ Let's find shapes in this room.
⑩ Takeru, did you find a shape?
⑪ Your desk? Well, your desk is a rectangle.

[和訳]
①この形を見てください。②これは何の形ですか？ ③誰か分かりますか？ ④よくできました。これは三角形です。⑤円は何色ですか？ ⑥緑の形はどんな形ですか？ ⑦その通りです。⑧これは五角形です。⑨教室内にある形を見つけましょう。⑩タケル、形が見つかりましたか？ ⑪机ですか？ そうですね、机は長方形ですね。

活動2

立体は何でできている？

準備するもの 立体模型、コンパス・定規など
所 要 時 間 20分

■ 平面から立体の名前へ

平面の形の名前がだいたい理解できたら、次に立体の名前を紹介しましょう。算数で使う立体模型を使うと便利です。「身の回りにある形を見つけよう」(p.13)の時と同様に、形の名前を言うことから始めます。立体も円すい(cone)や 四角すい(pyramid)など、児童がすでに算数で習っていたり、図画工作で触れていたりして、身近にあるものが多いので、紹介しやすいでしょう。

立体の名前に慣れたら、それぞれの立体がどのような形の組み合わせでできているか質問しましょう。例えば円柱(cylinder)は2つの円(circle)と長方形(rectangle)でできていることを確認します。それぞれの立体がどのようにできているかを確認するため、平面の形の名前の復習にもなります。

また、コンパスや定規を用意させて、立方体のサイコロを作ったり、円すいを作ったりする活動もできます。サッカーボールが五角形と六角形の組み合わせでできていることを知るのも、児童の関心を引くことができるでしょう。それぞれの形がいくつあるかなども確認して、活動を発展させることができます。

《立体の例》
cone(円すい)、cylinder(円柱)、sphere(球)、cube(立方体)、pyramid(四角すい)

CD 02 Teacher Talk

① Look at this shape.
② What shape is this?
③ Yes. This is a cylinder.
④ You can make a cylinder using two circles and a rectangle.
⑤ How do you make a cone?
⑥ That's right.
⑦ You can make a cone using a sector and a circle.
⑧ Now, how about a soccer ball?
⑨ Do you know how to make a soccer ball?
⑩ How many pentagons are there in a soccer ball?
⑪ How many hexagons are there?
⑫ Let's count the pentagons and the hexagons.

[和訳]
①この形を見てください。②これは何の形ですか？ ③そうです。これは円柱です。④円柱は2つの円と長方形でできています。⑤円すいはどのようにできていますか？ ⑥その通りです。⑦円すいは扇形と円でできています。⑧では、サッカーボールはどうですか？ ⑨サッカーボールの作り方を知っていますか？ ⑩サッカーボールにはいくつの五角形がありますか？ ⑪六角形はいくつありますか？ ⑫五角形と六角形を数えてみましょう。

活動3

何に見えるかな？

準備するもの 切り紙用の紙、はさみ
所要時間 30分

■ 自由に形を切らせて発表

使用済みのコピー用紙などを配って、児童に自由にイメージさせたものの形を切らせましょう。切り取ったものを友達に見せて、それが何か想像し合う活動です。

はじめは先生が例を見せます。例えば富士山の形に紙を切り、それが何かを尋ねる例を示すと児童は何をすればいいのか簡単に理解できます。切り終わったら、すぐに友達同士で質問し合うのではなく、一人ずつ教壇に呼び、児童が切った形について質問をします。形や色、大きさなどについていろいろな質問をしながら進めていくと英語活動としての効果が上がります。質問をする際は、はっきりと全員によく分かるように尋ねましょう。

石や花など身の回りにあるものの形が何に見えるかのクイズをすることもできます。例えば、パンジーの花びらの中の黒い模様がチョウチョのように見える、月の模様がウサギやカニに見える、などのように、身近にあるものの中から実物や写真を探してくると活動が広がります。「○○のような形」は "It's the shape of a rabbit."（これはウサギの形です）のように言うことができます。図鑑やインターネットを利用して、いろいろな角度から見て楽しめる物を探して活動に取り入れましょう。

CD 03 Teacher Talk

① This is a sheet of paper.
② I'll cut it like this.
③ Look at this.
④ What shape is this?
⑤ This is the shape of a mountain.
⑥ This is the highest mountain in Japan.
⑦ That's right.
⑧ This is the shape of Mt. Fuji.
⑨ Let's make a shape.
⑩ Don't say the answer.
⑪ Hiroshi, please come up here.
⑫ Show us your shape.
⑬ What shape is that?
⑭ Is it an animal?
⑮ Is it big?
⑯ What color is it?
⑰ Is it the shape of a panda?

[和訳]
①これは紙です。②こうやって切ります。③これを見てください。④これは何の形ですか？ ⑤これは山の形です。⑥これは日本で一番高い山です。⑦その通りです。⑧これは富士山の形です。⑨形を作りましょう。⑩答えは言わないでください。⑪ヒロシ、前に来てください。⑫切り取った形を見せてください。⑬それは何の形ですか？ ⑭動物ですか？ ⑮大きいですか？ ⑯何色ですか？ ⑰パンダの形ですか？

色

多くの児童は色の英語での言い方を知っています。児童の知的レベルに合った活動になるように工夫して、色への興味を引く活動を目指しましょう。

このテーマの目標 ☞
- 色について関心を高め、色の面白さを体験する。
- 色の英語名を知り、色に関する質問に単語レベルの英語で対応ができる。

▼ このテーマのポイント
知的レベルの高い活動を作る

色は小学生にとっては低学年の頃からさまざまな場面で取り扱われる、非常になじみのあるテーマです。それだけに、高学年の児童にとっては、関心が薄くなっていることも事実です。そこで、赤い色の紙を見せて、それが何色か尋ねるような単純な活動ではなく、色を混ぜたり、抽象的なものを色で表したりするような活動を加えて、高学年児童が興味を持つような、知的レベルの高い活動を作ってみましょう。

▼ 導入のポイント
既成の概念を壊すことで興味を持たせる

バナナは黄色、リンゴは赤、ナスは紫、のように当たり前に思っていることを覆すような活動からスタートしましょう。単純なWhat color is a banana?（バナナは何色ですか？）の質問にはほとんどの児童がYellow!（黄色！）と答えるはずです。しかし、その瞬間に緑のバナナを見せれば、一気に色への興味が高まります。リンゴにもさまざまな色があります。植物だけではなく、動物の色などにも触れましょう。キリンの色は茶色と黄色だと思っていませんか。実際には、茶色と白です。また、パンダの尻尾の色なども知っているようで知りません。

このような活動を導入として色の言い方にたくさん触れることから始めましょう。パトカーや救急車など、世界中で共通しているものの色の違いなどを話題にすることも興味深い活動になります。インターネットなどで、前もって先生が調べておくと安心して活動を進めることができます。

▼ 高学年向けの活動のポイント
色を科学的・心理学的に扱う

高学年向けの活動にするためには、単純に色の名前を覚えるだけではなく、科学や人の心理など、色で表しにくいものを取り上げましょう。抽象的なもののイメージを色で表す活動は高学年ならではの活動です。例えば季節や今の気持ちなどを色で表す活動（p.20）では、What color is spring for you?（あなたにとって春は何色ですか？）という同じ質問をしても、一人一人の児童が自分自身の本当の気持ちを表わそうとするため、飽きのこない活動になります。

色を混ぜる活動もやり方によっては高学年でも非常に興味深いものになります。「ぶんぶんごま」で色を混ぜる活動（p.18）や、絵の具を混ぜる方法、または、光の三原色を混ぜるなど、さまざまな活動方法があります。

活動1

これはどこの国のポスト？

準備するもの 世界の郵便ポストの写真など
所要時間 15分

■ 固定観念を覆す素材で興味を引く

　世界各国にあるポストの色を比べてみましょう。日本のポストの色は赤ですが、国によってポストはさまざまな色をしています。日本のポストが赤いため、児童は世界中のポストも同じ赤い色をしていると思っていることがあります。いろいろな国のポストの写真を集めて、どこの国のポストなのかを紹介しながら、色を見ていきましょう。児童の既成概念を壊すのに効果的な活動です。

　ポストの写真はインターネットで検索するとたくさんあります。例えば、アメリカは青、フランスは黄色、中国は緑、オーストラリアは赤、シンガポールは白などが一般的です。

　はじめからポストと言わずに、先に写真だけを見せて何かを当てさせるクイズを取り入れてもいいでしょう。国によっては一目見ただけではそれがポストとは分からない形をしているものがありますので、導入として取り入れると効果的に児童の興味を引き付けることができます。

　この活動では、ポストだけでなく、国によって異なるパトカーや救急車の色を取り上げることもできます。また、バナナは黄色、リンゴは赤、ナスは紫と思っている児童の前に赤いバナナや緑のリンゴ、白いナスの写真を見せると、色に対する関心が一気に高まります。固定観念を覆すさまざまな素材を探して、活動に取り入れましょう。

CD 04 Teacher Talk

① Look at this picture.
② What's this?
③ This picture was taken in the U.S.
④ This is on the street.
⑤ That's right.
⑥ This is a mailbox.
⑦ Mailboxes in Japan are red.
⑧ What color are mailboxes in the U.S.?
⑨ Yes. They're blue.
⑩ How about mailboxes in China?
⑪ Yes. They're green.
⑫ Look at this picture.
⑬ Can you see any kanji on it?

[和訳]
①この写真を見てください。②これは何でしょう？ ③これはアメリカで撮られた写真です。④これは道路にあります。⑤その通りです。⑥これは郵便ポストです。⑦日本の郵便ポストは赤です。⑧アメリカの郵便ポストは何色ですか？ ⑨そうです。青です。⑩中国のポストはどうですか？ ⑪そうです。緑です。⑫この写真を見てください。⑬漢字が見えますか？

活動2

「ぶんぶんごま」を作ろう

準備するもの ワークシート「『ぶんぶんごま』を作ろう」(02.pdf)、厚紙、たこ糸、クレヨン、はさみ、のり
所要時間 40分

■ 形と色を結びつけた活動

「ぶんぶんごま」を使って二つ以上の色が混ざると、何色になるか試す活動です。この活動では形と色が見事に結びつきます。

ワークシートを使っていろいろな形の「ぶんぶんごま」を作りましょう。児童がそれぞれ好きな形を選んで、そこに複数の色を塗り、回したときに何色が見えるかを試します。

色の種類と同時に、circle、triangle、square、pentagon、hexagon など、形の言い方を確認することもできます。

作り終わったら、実際に回す前に、何色を塗ったかを確認し、何色が見えるか、どのような形が見えるかを想像させましょう。塗った複数の色が回した時に何色に見えるかをあらかじめ指定しておくと、活動としてさらに難易度が上がり、高学年に適した内容となります。

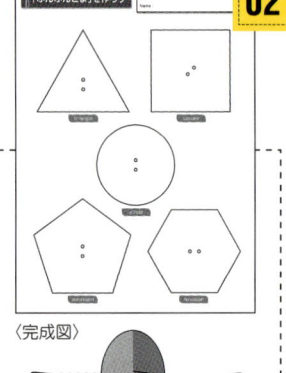
〈完成図〉 PDF 02

■「ぶんぶんごま」の作り方

① 児童数分コピーをして、1枚ずつ配ります。
② 児童は好きな形を切り取り、複数の色を塗り、厚紙に貼ります。
③ 形に合わせて厚紙を切り、中心2カ所に穴を開けてたこ糸（約1m）を通します。
④ 糸の端を結び、両端を持って回転させ、引っ張るとこまが回ります。

CD 05 Teacher Talk

① Look at the handout.
② What shape do you want to make?
③ Color the shape more than two colors.
④ Take out your scissors.
⑤ Cut the shape out along the lines.
⑥ Stick the shape on the cardboard.
⑦ Make small holes in it.
⑧ Pass the string through the holes.
⑨ Tie the ends of the string together.
⑩ Spin your top.
⑪ What shape is your top?
⑫ How many colors are there on your top?
⑬ What colors can you see when you spin your top?
⑭ What shapes can you see when you spin your top?

[和訳]
①ワークシートを見てください。②どの形を作りたいですか？③形に2色以上の色を塗ってください。④はさみを出してください。⑤形を線に沿って切り取ってください。⑥厚紙に貼ってください。⑦小さな穴をあけてください。⑧穴に糸を通してください。⑨糸の端を結んでください。⑩こまを回してください。⑪あなたのこまは何の形ですか？⑫こまにはいくつの色がありますか？⑬こまを回した時、何色が見えますか？⑭こまを回した時、何の形が見えますか？

活動3

この国旗には何色がある？

準備するもの　絵カード「国旗」(03.pdf)
所要時間　30分

■ 国旗を使った活動に発展

児童に社会で使用する地図帳を持参させ、国旗の中で最も多く使われている色を探すところから始めます。これによって、すべての国の国旗に目を通すことになるため、この後の活動が進めやすくなります。

先生がヒントを出して、どこの国の国旗のことを言っているか考えるクイズを出しましょう。アフリカにある国の国旗に多く使われている色の特徴や、ニュージーランドの国旗とオーストラリアの国旗の違いが何かなど、細かいところまで注意を払うと、たくさんの活動を作ることができます。

また、せっかく地図帳があるので、話題になった国がどこにあるかを探す活動もできます。この場合、世界のどの地域にその国があるかなどのヒントを出すことで、Europe(ヨーロッパ)や Asia(アジア)、North America(北アメリカ)、South America(南アメリカ)、Africa(アフリカ)、Oceania(オセアニア)などの大陸名にも触れることができます。

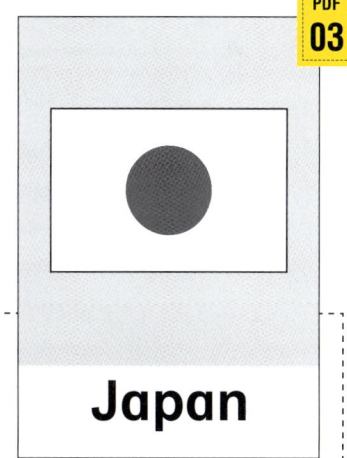

PDF 03

■ 絵カードの使い方

B5サイズやA4サイズなど、児童によく見える大きさでプリントアウトしておきましょう。

CD 06 Teacher Talk

① How many colors are there in the national flag of China?
② There are two colors.
③ What colors are they?
④ They are red and yellow.
⑤ How many stars are there?
⑥ There are five stars.
⑦ They are yellow stars.
⑧ How many colors are there in the national flag of New Zealand?
⑨ There are three colors.
⑩ What colors are they?
⑪ They are red, white and blue.

[和訳]
①中国の国旗にはいくつの色がありますか？ ②2色です。③それらは何色ですか？ ④赤、黄です。⑤星はいくつありますか？ ⑥5つあります。⑦黄い星です。⑧ニュージーランドの国旗には何色がありますか？ ⑨3色です。⑩何色ですか？ ⑪赤、白、青です。

活動4

春は何色？

準備するもの ワークシート「想ぞうして色をぬってみよう」(04.pdf)
所要時間 20分

■ 抽象的なものを色で表す活動

季節や気持ちなど、抽象的なものを色で表わしてみましょう。同じ質問でも、児童によって答えはそれぞれ異なるため、季節に対してどのようなイメージを持っているかや、自分自身の気持ちを英語で表現する機会になります。このような「春は何色か」「今の気持ちは何色か」などの質問は、抽象的な感覚が芽生える高学年児童の発達段階にも合った活動と言えます。

ワークシートでは、季節の色、今の気持ちの色、幸せの色、平和の色、争いの色など、たくさんのものを色で表す活動ができます。それぞれの部分を色えんぴつで塗らせて、子どもたちがどのようなイメージを持っているか尋ねましょう。

ちなみに中国では五行思想にもとづいて、春を青、夏を赤、秋を白、冬を黒と考え、青春、朱夏、白秋、玄冬と言います。国によって文化や考え方の影響で、季節に対する色のイメージは異なることを伝えるのも、児童の興味を引くきっかけになります。

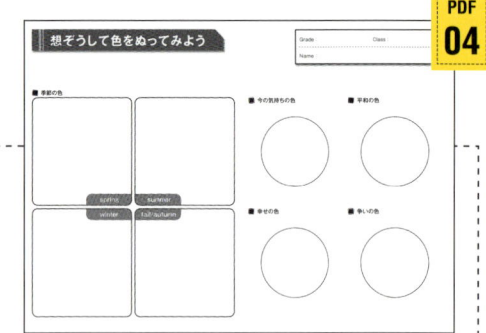

■ ワークシートの使い方

① 児童数分コピーをして、1枚ずつ配ります。
② 活動に応じて、それぞれのスペースに色を塗るように指示しましょう。

CD 07 Teacher Talk

① What color is spring (summer / fall / winter) for you?
② Pink? Why?
③ So, you like cherry blossoms.
④ What color makes you happy?
⑤ Green makes me happy.
⑥ How about you, Akiko?
⑦ What color makes you happy?
⑧ Pink makes you happy.
⑨ What color do you feel today?
⑩ Gray? Why?
⑪ Oh. You forgot your homework.

[和訳]
①あなたにとって春(夏、秋、冬)は何色ですか？②ピンクですか？ なぜですか？ ③桜の花が好きなんですね。④あなたの幸せの色は何色ですか？⑤緑が私の幸せの色です。⑥アキコ、あなたはどうですか？ ⑦あなたの幸せの色は何色ですか？ ⑧ピンクですね。⑨今日のあなたの心の色は何色ですか？ ⑩灰色ですか？ なぜですか？ ⑪おや、宿題を忘れたんですね。

Column 1　小泉清裕 × 英語活動への思い

Q 英語活動で大切なことは何ですか

A たくさん「聞く」経験をさせることが何よりも大切です

言葉の学習の原点は言葉が使われている環境にいること

サルに1万時間日本語を教えたら、人間と同じように日本語を理解し、話すようになるでしょうか。答えは「No」でしょう。しかし、人間は、言葉を学び、言葉を使う能力を生まれながらに持っています。人間とサルが歴史の中で別の道を歩き始めたのは、一説によると、今から600万年から700万年前だといわれています。長い歴史の中で、人間は言葉を生み出し、その言葉を使う能力を身につけました。そしてその能力を遺伝子の中に取り込み、人間の固有の力として保持しています。そして、赤ちゃんはこの700万年の人間の歴史の一番上に立って言葉を学んでいるのです。言い換えれば一人一人の赤ちゃんには700万年の人間の歴史が脈々と生きているということです。

しかし、能力をもって生まれてきても、その能力を活用する環境が必要です。人間として生まれても、オオカミに育てられた子どものように、言葉が使われる環境にいない場合、言葉を使うという素晴らしい能力を生かせなくなります。言葉が使われている場面にいることが言葉の学習の原点になります。

「話す」とは、話したいことを自分の意志で他者に伝えること

生後1年ほどで赤ちゃんは言葉を話し始めます。それまでの1年間は、ずっとお母さんや家族などが話をするのを聞いています。これは、時間をかけて、コップの中に一滴一滴水を垂らしながら、ためていくのに似ています。少しずつコップに水がたまっていき、約1年でコップの水がいっぱいになります。さらにそこに一、二滴の水が入った時、ほんのわずかな水がコップの縁からこぼれ出ます。このこぼれ出たわずかな水が「ママ」や「マンマ」です。

もちろん、お母さんや家族が話していた言葉は「ママ」や「マンマ」だけではなかったはずです。言葉のコップの中には、いろいろな言葉が入っているはずですが、多くの赤ちゃんが共通して「ママ」や「マンマ」と最初に言うのは、その言葉をたくさん聞き、そして赤ちゃんにとって、その言葉が大切な言葉だからです。特に重要なことは、赤ちゃん自身が言いたいと思って発する言葉であり、自分自身で選んだ言葉であるということです。

英語活動でも、教え込んだ言葉をすぐに言わせるのではなく、十分に聞かせる活動が重要です。「話す」ということは、覚えさせられた言葉を発することではなく、自分から話したいと思うことを、自分の意志で音声を使って他者に伝えることです。「繰り返し」は「話す」ことではありません。本当に「話す」までには、たくさんの「聞く」を経験する必要があります。

数字

数字はさまざまな活動で頻繁に出てくるため、しっかり身に付ける必要があります。数を数えたり、答えたりする必要がある活動を通して、繰り返し触れましょう。

このテーマの目標
- さまざまな数字があることを知り、数字の面白さを知る。
- 1から10までの数を自由に使えるようにし、それを基礎としてさらに大きな数の言い方を理解する。

▼ このテーマのポイント
数字の基本は1〜10

数字はどの言語を学ぶ時にも、最も重要なテーマです。英語活動でも大切なテーマとして何度も触れる必要があります。どんなテーマの活動にも数は取り入れやすいため、数を数えたり、数字で答えたりできるようになることが重要です。特に、1〜10までの数字は、誰でも知っているように感じますが、そこには大きな落とし穴があります。1〜10までの数字が理解できているということは、順序を変えても瞬時にその数字が理解できたり、言えたりするということです。1〜10の数に徹底的にこだわって数字に慣れ親しむ活動を繰り返し行うことが大切です。

▼ 導入のポイント
いつもと違う数字で1〜10

活動ではアラビア数字で1〜10を見せて行うことから始めますが、それだけではあまりに幼い活動で児童は退屈に感じてしまいます。そこで、アラビア数字以外の数字、例えば、漢数字、マヤ数字（p.23）、ローマ数字（p.24）、エジプト数字などを使えば、英語のoneからtenだけが登場する活動でも、非常に高度な内容になります。さらに、児童が個々に、規則性のあるオリジナルの数字を作る活動（p.25）を行えば、マヤ数字やローマ数字が、単純でも高い規則性があることを理解できます。児童が作ったオリジナル数字は、教室に掲示しておくといいでしょう。

▼ 高学年向けの活動のポイント
単純な法則でどんなに大きな数字も読める

1〜10の延長線上に、20までの数と30、40、50など二桁の数があります。特に注意が必要なのが、11〜20までです。足し算ゲームや、引き算ゲームなどをすることで、楽しく20までの数が使えるような力をつけましょう。特にthirteen（13）とthirty（30）、fourteen（14）とforty（40）の聞き取りをさせる時には意図的にはっきりと発音することも大切です。

大きな数字が言えることは、児童の自信につながりますので、たくさん触れさせてください。その際、意味のない大きな数に触れるのではなく、日本の面積や各都道府県の人口、地球の直径や太陽までの距離など、社会や理科で学んだことなどと関連した数を登場させることが、高学年にふさわしい活動になります。

活動1

この形はいくつ？

準備するもの ワークシート「マヤ数字に挑戦」と絵カード「マヤ数字」(05.pdf)
所要時間 30分

■ マヤ数字の特徴を生かして数字に親しむ

1から20までの言い方が理解できれば、どんなに大きな数でも、英語で聞いたり言ったりしやすくなります。それだけに1から20までの数字にはさまざまな方法で繰り返し触れる必要があります。高学年の児童の場合、単に1から20までを何度も言わせるのではなく、彼らの知的好奇心を刺激しながら、触れることを考えましょう。

ここではマヤ数字を取り上げます。マヤ数字は、マヤの遺跡や石碑などに使われている数字です。

最初に20までの数え方を説明しましょう。0は貝がらのマーク(🐚)で表し、黒丸(•)で1を、横棒(━)で5を表し、20(🐚)で位が一つ上がります。20は貝がらの上に黒丸が一つです。

先生はいろいろな数字を見せて、児童にその数字がいくつなのかを、ワークシートを見ながら答えさせます。児童は単純に数字だけを答えることになりますが、高学年ならではの知的な活動を展開することができます。

■ ワークシートと絵カードの使い方

① ワークシートは児童数分コピーします。
② 絵カードを使ってマヤ数字の規則性を覚えたら、ワークシートを配り、それぞれの記号がいくつかを尋ねます。

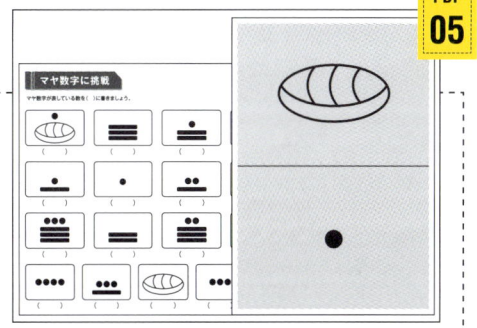

PDF 05

Teacher Talk (CD 08)

① Look at this.
② What are these?
③ They are Mayan numbers.
④ This is one dot.
⑤ This is the number one.
⑥ One dot means one.
⑦ Two dots means two.
⑧ Next, there is one bar.
⑨ This is five.
⑩ One bar means five.
⑪ Two bars means ten.
⑫ So, look at this number.
⑬ There is one dot and one bar.
⑭ What number is it?
⑮ Good! This is six.
⑯ Five and one is six.
⑰ This is the shape of a seashell.
⑱ This seashell means zero.
⑲ But there is one dot here.
⑳ This is twenty.

[和訳]
①これを見てください。②これらは何でしょう？③これらはマヤ数字です。④点が一つあります。⑤これは1です。⑥一つの点は1を表します。⑦二つの点は2を表します。⑧次は、棒が一本あります。⑨これは5です。⑩一本の棒は5を表します。⑪2本の棒は10です。⑫では、この数字を見てください。⑬一つの点と棒があります。⑭これはいくつでしょう？⑮そうです！ 6です。⑯5と1で6です。⑰これは貝殻の形をしています。⑱貝殻は0を表します。⑲でも点が(貝殻の上に)あります。⑳これは20です。

活動2

ローマ数字で答えよう

準備するもの ワークシート「ローマ数字で答えよう」(06.pdf)
所要時間 30分

■ ローマ数字を通して数に親しむ

　日常的にもよく目にするローマ数字を活動に取り入れましょう。日本ではアラビア数字が一般的ですが、高学年になると、ローマ数字をいろいろな場面で目にしているはずです。主に、番号、年号の表記や時計の文字盤などで使われていますが、10くらいまでなら見たことはあっても、それ以上の数字となると、大人でも意外と知らないものです。

　ここでは、1,000までの数字をローマ数字で触れます。ローマ数字ではⅠは1、Ⅴは5、Ⅹは10、Ｌは50、Ｃは100、Ｄは500、Ｍは1000を表しています。大きい数を表す時は、これらを組み合わせます。ワークシート(06.pdf)のローマ数字の一覧を見ながら活動を進めましょう。

　例えば、634はＤＣＸＸＸⅣ、3,776はＭＭＭＤＣＣＬＸＸⅥと表します。ローマ数字を使うことで数字の単純な活動を高学年向きの活動に作りかえることができます。ワークシートの質問を参考にして楽しいクイズを作りましょう。

PDF 06

■ ワークシートの使い方

① 児童数分コピーをして、1枚ずつ配ります。
② 左上の一覧でローマ数字を確認します。
③ Question 1〜6にローマ数字の一覧を使って答えてもらいます。

CD 09 Teacher Talk

① Look at these marks.
② They are Roman numerals.
③ What's this number?
④ There are two X's.
⑤ It's twenty.
⑥ C means one hundred.
⑦ D means five hundred.
⑧ M means one thousand.
⑨ So, what's this number?
⑩ Can you say this number?
⑪ There are three C's.
⑫ It's three hundred.
⑬ Look at this.
⑭ This is a one dollar bill.
⑮ Here is a number.
⑯ It's MDCCLXXVI.
⑰ Can you say this number?
⑱ It's the year America became independent.

[和訳]
①これらの記号を見てください。②これらはローマ数字です。③この数字は何ですか？ ④二つのＸがあります。⑤これは20です。⑥Ｃは100を意味します。⑦Ｄは500を意味します。⑧Ｍは1000を意味します。⑨ではこの数字は何ですか？ ⑩この数字を言えますか？ ⑪3つのＣがあります。⑫これは300です。⑬これを見てください。⑭これは1ドル札です。⑮ここに番号があります。⑯MDCCLXXVIとあります。⑰この番号を言えますか？ ⑱これはアメリカが独立した年です。

活動3

オリジナルの数字を作ろう

準備するもの ワークシート「オリジナルの数字を作ろう」(07.pdf)
所要時間 30分

■ 規則性を持った数字を考える

マヤ数字やローマ数字などについて触れると、これらの数字が持っている規則性を理解したことになりますので、自分たちで数字を考えることができるはずです。マヤ数字やローマ数字を参考にして、1～10の規則性のあるオリジナルの数字を考える活動をしましょう。

オリジナルの数字を考えるのにはかなりの時間がかかりますので、事前に宿題として出しておくといいでしょう。ワークシート(07.pdf)の一番下の欄に1～10のオリジナルの数字を書くように指示します。活動ではオリジナルの数字の発表会を行いましょう。数字を作る際は、一定の規則性を持たせて作れるように、例を提示して説明するとスムーズに進むでしょう（数字の作成例はワークシートにも記載されています）。記号や形を組み合わせたもの、漢字の画数を利用したものなど、児童はさまざまな規則性を持った数字を考えてくるでしょう。

■ ワークシートの使い方

① 児童数分コピーをし1枚ずつ配ります。
② オリジナルの数字の作成例をもとに、規則的な数字の作り方を説明します。

Teacher Talk (CD 10)

① These are numbers I designed.
② Look at this.
③ This is one.
④ What number is this?
⑤ It's 8.
⑥ Please design numbers of your own.
⑦ What's this number?
⑧ I think it's 5.
⑨ Is that right?

[和訳]
①これらは私が考えた数字です。②これを見てください。③これは1です。④これはいくつか分かりますか？⑤8です。⑥あなたのオリジナルの数字を作ってください。⑦これはいくつですか？ ⑧5だと思います。⑨合っていますか？

活動4 地球の直径はどれくらい？

準備するもの　なし
所要時間　30分

■ ルールが分かれば大きい数字も読める

英語では下から3桁目にカンマを入れることで、簡単に大きな数字を言うことができます。1,000のカンマは千の位(thousand)を表していて、例えば富士山の高さである3,776mは、three thousand, seven hundred seventy-six meters と読みます。カンマの前にある数字に thousand を加えて読めばいいのです。100,000は one hundred thousand と読みます。その次は百万の位(million)ですが、これもカンマの前にある数字にmillionを加えれば、億単位までの数字を言うことができます。10,000,000 は ten million、100,000,000 は one hundred million です。この法則が分かれば、123,456,789 (one hundred twenty-three million, four hundred fifty-six thousand, seven hundred eighty-nine) も読むことができます。

素材としては、電話番号など身の回りのものから、世界の山の高さや地球の大きさ、世界の国々の人口や広さなどの数字を取り上げて、クイズにすることができます。また、数字の言い方の練習だけでなく、単位の言い方にも触れることができます。児童が関心を持ついろいろな数字を提示しましょう。

英語の数の読み方は、大人の英語学習者でも苦手とする人が多いですが、まずは先生が読み方の法則を理解して、いろいろな数の問題をクイズで出すと楽しい活動になるでしょう。

CD 11　Teacher Talk

① Look at this number.
② Can you say this number in English?
③ Yes. It's three thousand, seven hundred seventy-six.
④ That's right.
⑤ It's the height of Mt. Fuji in meters.
⑥ Next, what's this number?
⑦ It's a little bit difficult.
⑧ That's right. Great!
⑨ This number is the earth's diameter.
⑩ The earth's diameter is twelve thousand, seven hundred fifty-six kilometers.

[和訳]
①この数字を見てください。②この数字を英語で言うことができますか？ ③はい。3,776mです。④よくできました。⑤これは富士山の高さです。⑥次は、この数字は何ですか？ ⑦少し難しいです。⑧その通りです。すごいですね！ ⑨この数字は地球の直径です。⑩地球の直径は、12,756kmです。

Column 2　小泉清裕×英語活動への思い

 小学校での英語活動の目的は何ですか

 小学校教育をより豊かにすることです

担任が全教科を教える小学校は教科間につながりができる

小学校教育の大きな特徴は、一人の担任がたくさんの教科を教えることです。この方法は日本だけでなく、アメリカやヨーロッパ、アジアの国々、さらに教育先進国として知られている、フィンランドなどの北欧の国々でも同様です。これは、経済的な理由ではなく、小学生のものの考え方や生活方法が分化されていないため、いろいろなものが混ざり合った状態で認識されるという、子どもたちの成長段階の特徴を優先にしているからです。小学生は、どの教科で何を学んだかではなく、学校で何を学んだかという感覚でいます。学校での全ての活動が、子どもの学習になるわけです。

また一人の教師が複数の教科を教えることで、教科間のつながりができ、子どもたちは総合的に学習ができるという利点があります。国語と社会がつながり、理科と算数がつながり、家庭科と音楽や体育までもがつながっているような教育が、優れた小学校教育になります。

「目的」を明確にし小学校教育の役割を果たす活動を

「目的」と「目標」という言葉があります。似ている言葉ですが、大きな違いがあります。「目的」は「目指すものや事柄」であって、「目標」は「到達しようとする目印」のことです。目的は普遍的ですが、目標は状況によって変化します。例えば、毎朝のジョギングの「目的」は"減量"で、当面の「目標」は"3kg減量"のようになります。3kg減量が達成できれば、次の目標が生まれてきます。ただし、目的は変化しません。

小学校英語活動も、「目標」を語る前に、「目的」を明確にしなければなりません。一言で言えば、目的は、「小学校教育をより豊かにすること」です。目的が、中学校英語教育を充実させるためにあると勘違いしている人がたくさんいます。中学校英語教育に害になることは避けるべきですが、それが主目的ではありません。英語活動は小学校でしかできない、小学生だから楽しめ、小学校教育としての役割を果たす英語活動にしなければなりません。

小学校教育を「肉じゃが」に例えてみます。ジャガイモが国語、肉が算数、タマネギが社会、理科はニンジン、しらたきが音楽で、体育はしょうゆ、図工は砂糖で、家庭科は酒というところでしょう。そこに、もう一点調味料を入れるなら「みりん」でしょう。みりんが入らなくてもある程度おいしくなりますが、みりんが入ることで、味も見た目もよくなるはずです。小学校教育でもそれぞれの教科がいい味を出し合い、英語活動がみりんのような働きをしたならば、今まで以上においしい「肉じゃが」が完成することでしょう。

時刻

本当に時刻を聞きたくなるような状況を設定し、時刻の聞き取りも含め、知的関心を高める活動を展開しましょう。

このテーマの目標 ☞
- □ 時計や時刻の面白さを体験する。
- □ 1から59の数字を自由に使えるようにする。

▼このテーマのポイント
1～59を自由に使いこなせるようにする

時刻の活動と言えば、What time is it?（何時ですか？）の表現を覚えさせることを考えがちですが、時刻の活動の根本は1～59までの数を自由に使いこなすことです。What time is it? の表現を覚えても、聞いた時刻を理解できなければ意味がありません。

また、2年生の算数で行った時刻の授業では体験することがなかった、時刻や時計の面白さを体験させることができるような活動を目指しましょう。

▼導入のポイント
1～59の数字で遊ぶ

1～59の数を使えるようにするためには、何度もそれらの数に触れる必要があります。しかし、何度も同じ数を見て、その数を英語で言ったり聞いたりする必然性がなければ、児童はすぐに飽きてしまいます。飽きない方法としては、本気になって取り組むようなゲームにする必要があります。楽しむだけのゲームではなく、「英語で足し算にチャレンジしよう」（p.29）で紹介しているようなゲームをすることで、英語の運用力が高まるようなゲームを行いましょう。「数字」のテーマ（p.22～）でも触れましたが、基本の1～10から始めて、徐々に数を大きくしていくことが大切です。

▼高学年向けの活動のポイント
不思議時計と世界の時刻

時計には長針と短針があるアナログ時計、数字で時刻が示されているデジタル時計だけなく、日時計、水時計、ろうそく時計や香時計、あるいは干支が時刻を示している江戸時代の時計など、さまざまなタイプがあります。それぞれの時計の写真などを用意すれば、What time is it? という質問が本当の意味で使用できます。時刻が分からないからWhat time is it? の質問があるわけで、何時か分かる時計を見て時刻を尋ねるのは意味のない活動だと、高学年の児童ならば感じてしまいます。

また、日本が正午で自分たちが昼食を食べている時間に、ニューヨークの人は何をしているのか、インドの子どもたちは何をしているのかといった質問をすれば、本当にそれぞれの地域の時間を知りたくなるでしょう。現在ではインターネットを利用すれば、世界各地の時刻を確認することもできますし、ライブカメラを確認できるウェブサイトに接続すれば、その日の天気の様子までも分かる可能性があります。こうしたリアリティーのある活動が高学年の児童にふさわしい活動といえます。

活動1

英語で足し算にチャレンジしよう

準備するもの カード「数字」(08.pdf)
所要時間 30分

■ ゲームで59までの数字に慣れる

0～10で遊ぶゲームをします。相手が言った0～10までの数に足して10になる数を瞬時に言うゲームです。まず、黒板に○＋△＝□と書きます。□の中に10と書き、○の中の数字を先生が自由に言い、△に当てはまる数字を児童が言います。次に児童一人一人が○の中の数字を言って、先生が△の数字を言います。慣れてきたら、児童がペアを作って行うこともできます。□の中の数字を11や20などに変化させると難易度も上がり、ゲーム感覚で数字に親しめます。

次に、3、4人のグループに分け、数字のカード(08.pdf)を1セットずつ渡します。グループ内でカードを1枚ずつ裏返して並べます。カードを一人2枚ずつめくり、2枚のカードの数を足し、31になったらそのカードがもらえるゲームを行います。一人がめくった2枚のカードの数を全員で英語で足し算することを事前に伝えておきます。カードがなくなったら、一番多くのカードを持っている児童の勝ちです。最大29＋30の59までの数がランダムに登場しますので、まさに、時刻の活動の始めとしてふさわしい活動になります。

PDF 08

| 1 | 2 | 3 | 4 |
| 5 | 6 | 7 | 8 |

■ 数字のカードの使い方
グループ数分シートをコピーし、カード状に切り取っておきます。

CD 12

Teacher Talk

① Look at this.
② What shapes are these?
③ Yes, this is a circle, triangle and square.
④ I put 10 in the square.
⑤ I'll say the number in the circle.
⑥ Please say the number in the triangle.
⑦ Four. Good!
⑧ Let's play the "Making 31" game.
⑨ There are 30 cards.
⑩ The numbers 1 to 30 are written on the cards.
⑪ Put all the cards face down.
⑫ Turn over two cards and add them.
⑬ If you turn over 1 and 30, say, "1 plus 30 is 31."
⑭ If you make 31, you can get those cards.

[和訳]
①これを見てください。②これらは何の形ですか？③はい、これは丸、三角、四角です。④四角に10を書きます。⑤丸に入る数字を言います。⑥三角に当てはまる数字を言ってください。⑦4。そうです！⑧31を作るゲームをしましょう。⑨カードが30枚あります。⑩それぞれのカードには1から30までの数字が書かれています。⑪全てのカードを伏せてください。⑫カードを2枚めくって足してください。⑬もし1と30を引いたら「1＋30＝31」と言ってください。⑭31になったら、カードをもらえます。

活動2

今、何時かな？

準備するもの ワークシート「時間を書こう」(09.pdf)
所要時間 20分

■ デジタル時計とアナログ時計を使う

ワークシート(09.pdf)を児童に配ります。まず、1～6のデジタル時計を使います。先生が言った時刻を書き入れる活動をしましょう。

番号順に全部の時計に数字を書き入れ終わったら、先生が時計の番号を言い、児童はその時計が示している時刻を答える活動に発展させます。

デジタル時計での活動が終わったら、次にアナログ時計を使って、デジタル時計と同じ要領で活動を行います。アナログ時計では、先生が言った時刻の数字がそのまま短針の位置に来なかったり、分を示す数字はそのまま長針で示すことができなかったりします。例えば、2時55分は2時なのに、短針は3時に近いところに来ますし、長針は55分なのに、11の位置を示していなければなりません。小学校2年生の算数で学習した内容を英語でもう一度確認する活動になります。

■ ワークシートの使い方
① 児童数分コピーをして、1枚ずつ配ります。
② 先生が言った時刻を時計に記入するよう指示します。

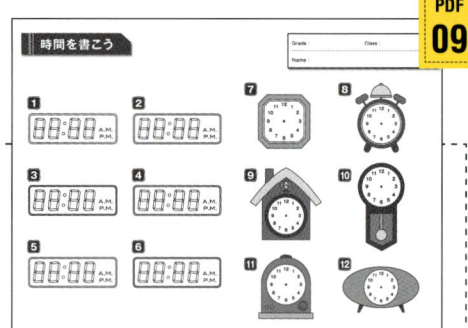

CD 13 Teacher Talk

① Look at this handout.
② There are some clocks here.
③ Clocks 1 to 6 are digital.
④ Clocks 7 to 12 are analog.
⑤ OK? First, look at clock number 1.
⑥ It's 7:30.
⑦ Write 7 and 30 in the space for clock number 1.
⑧ Next, look at clock number 5.
⑨ It's 11:29.
⑩ What time is it on clock number 3?
⑪ That's right. It's 4:50.
⑫ Clock number 7 is an analog clock.
⑬ Please put a short hand and a long hand on the clock.

[和訳]
①このプリントを見てください。②時計がいくつかあります。③1～6の時計はデジタル時計。④7～12の時計はアナログ時計です。⑤いいですか？ 最初は時計1を見てください。⑥7時半です。⑦時計の1の空欄に7と30を書いてください。⑧次は時計5を見てください。⑨11時29分です。⑩時計3は何時ですか？ ⑪その通りです。4時50分です。⑫時計7はアナログ時計です。⑬短針と長針を時計に描いてください。

活動3

時刻を当てよう

準備するもの シート「逆転時計」(10.pdf)
所要時間 10分

■ いろいろな時計を活用

　理髪店や美容院には、普通に見ると文字の向きも針の回る方向も全く逆向きの時計を掛けているところがあります。これは逆転時計といって、鏡の中で見ると正しい時刻を示す時計です。この逆転時計を児童に一瞬見せて何時か当てるゲームをしましょう。シート(10.pdf)には事前に時刻を記入しておきます。グループでの対抗ゲームにするといいでしょう。

　デジタル時計とアナログ時計の他にも、時計にはいろいろな種類があります。例えば、水の流れを利用して水位によって時間を測る水時計、太陽の動きによって影の位置から測る日時計、線香や香の燃焼時間によって測る香時計、ろうの減り具合で測るろうそく時計、干支を使用している江戸時代の時計などです。それらの時計の写真などを用意して、その時計が示す時刻が何時か考える活動もできます。これらの時計の写真を活用すると、時刻に対する興味がさらに増すでしょう。

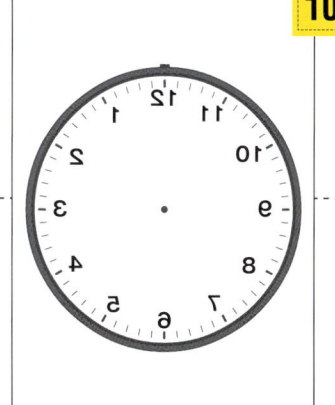

PDF 10

■ ワークシートの使い方

① 児童に見えるサイズでプリントアウトし、時刻を記入したものを数種類用意しておきます。
② ①を1枚ずつ見せながら、時刻を当てるゲームをグループ対抗で行います。

CD 14　Teacher Talk

① I will show you a special clock for a short time.
② Please check what time it is.
③ Talk about it and write the answer on your handout.
④ Are you ready?
⑤ I saw this clock in the barber shop.
⑥ This is a backward clock.
⑦ Can you check what time it is?
⑧ This is a candle clock.
⑨ What time is it?
⑩ Discuss it in your group.

[和訳]
①これから特別な時計を少しだけ見せます。②何時かを確認してください。③話し合ってプリントに答えを書いてください。④準備はいいですか？⑤先生はこれを理髪店で見ました。⑥これは逆転時計と言います。⑦何時か確認できますか？⑧これはろうそく時計です。⑨何時ですか？⑩グループで何時か話し合ってください。

活動4

世界の国は今何時？

準備するもの ワークシート「世界時計を作ろう」(11.pdf)
所要時間 30分

■ 時差を理解して時刻への関心を高める

ワークシート(11.pdf)を使って世界時計を作り、世界の時刻を知る活動をします。始めに、日本の時刻を示して、その時刻がニューヨークでは何時かを世界時計で確認します。次に、児童が朝何時に起きたかを尋ね、その時、ロンドンの人はどのようなことをしていたかを想像させましょう。世界地図なども用意して、世界時計に記載されている場所がどこにあるかを確認する活動も合わせて行うといいでしょう。白地図のワークシート(32.pdf)も活用できます。

また、インターネットに接続できる環境があれば、世界各地に設置されているライブカメラの映像を利用することができます。この映像を利用して、日本が昼の時、ニューヨークが本当に夜なのかどうか、天気はどうかなどを確認することができます。その場所の時刻が掲載されているサイトもありますので、非常にリアリティーのある活動を行うことができます。

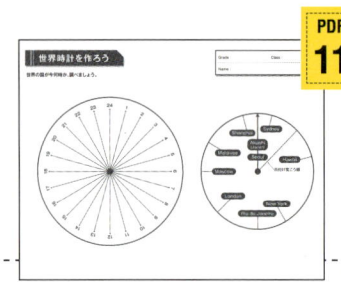

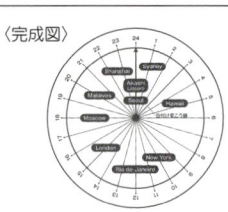

〈完成図〉

■ ワークシートの使い方

① 児童数分コピーをして、1枚ずつ配ります。
② 二つの円を切り取り、都市名が書いてある小さい円を時間が書いてある大きい円に重ねて、各都市の時刻を確認します。

※サマータイムを実施している国では、標準時より1時間進みます。

CD 15　Teacher Talk

① Let's make a world time clock.
② It's easy.
③ Cut out these two circles.
④ Next, put the small circle on the big circle.
⑤ Set the line of Japan for 11 o'clock.
⑥ Then, look for the line of New York.
⑦ What time is it in New York?
⑧ It's 9 o'clock.
⑨ Is it a.m. or p.m.?
⑩ That's right.
⑪ It's 9 o'clock at night in New York.
⑫ Look at this.
⑬ This is the picture on the live camera in New York.
⑭ How's the weather in New York?
⑮ They have umbrellas.
⑯ So, it's raining in New York.

[和訳]
①世界時計を作りましょう。②簡単です。③二つの円を切り取ってください。④次に大きい円に小さい円を重ねましょう。⑤日本を11時ちょうどの線に合わせてください。⑥それでは、ニューヨークの線を探してください。⑦ニューヨークは何時ですか？ ⑧9時です。⑨午前、午後どちらですか？ ⑩その通りです。⑪ニューヨークは夜の9時です。⑫これを見てください。⑬これはニューヨークのライブカメラの映像です。⑭ニューヨークの天気はどうでしょうか？ ⑮傘を持っていますね。⑯ニューヨークでは雨が降っています。

Column 3　小泉清裕 × 英語活動への思い

「コミュニケーション」って何ですか

A 人に関心を持ち、話に耳を傾け、伝えようとしていることを理解しようとすることです

日本になかった言葉「コミュニケーション」

peachには「桃」、appleには「林檎」、grapesには「葡萄」と対応する日本語があります。しかし、bananaにはそれに該当する日本語がありません。もともと日本にはない果物だったので、「バナナ」という外来語として片仮名が使われているのです。

「コミュニケーション」という語も日本語として訳す言葉がないのは、その概念自体が日本になかったからでしょう。そのため、この言葉が本当に示している意味を私たち日本人は理解しないまま、たくさんの場面で使用してしまい、相互に誤解や間違いが起こっているはずです。

「コミュニケーション」をする力とは、人と言葉を交わしたり、伝えたいことを文字で示す技術力だけではありません。その人の持っている雰囲気や表情で他の人の気持ちを明るくしたり、穏やかにしたりできる力、相手の感情やその場の雰囲気を推察して対応する力、話し合いをまとめる力、信頼関係を作り上げる力、他の人に関心を寄せる心を持ち、気遣いができ、さらに人を敬い愛する力など、たくさんのことが混ざり合った、非常に深遠なものはずです。

コミュニケーションの原点は人の話を聞くこと

文部科学省が提示している小学校外国語活動の目標は「コミュニケーション能力の素地を養う」ことです。「コミュニケーション能力」を高めるための第一歩は、人に関心を持ち、人の話に耳を傾け、その人が何を伝えようとしているのかを、全神経を集中して理解しようとする気持ちだと言えるでしょう。全てがここから始まります。

10人で話し合いをする場合、自分が話すのは10分の1の時間で、残りの10分の9の時間は人の話を聞く側になります。聞き手としての能力の高い人ならば、話し方がうまくない人の話からでも、その内容をくみ取ることができます。それが、「コミュニケーション能力の素地」です。

今、大人も含めて日本人の「聞く力」が低下しています。それは人への関心の低下でもあります。人と触れ合うことを楽しいと思う子どもたちを増やしていかなければ、社会そのものが成り立たなくなります。

「聞く力」を育てるためには、「分からないからもういい」ではなく、たとえ分からなくても、分かりたいと思う気持ちを育てなければなりません。「分からなくても、聞いていたい」「聞いていたらちょっと分かった気がした」「分かったら、うれしくなった」「うれしくなったらもっと聞きたくなった」「そうしたら、もっと分かった」——。こうした体験を繰り返しできる英語活動にする必要があります。

アルファベット

A～Zまでを順番に言えるだけでなく、自分の名前や、身近な人やものの名前を通して、アルファベットがいくつか続くと、言葉として意味をなすことを理解させましょう。

このテーマの目標 ☞
- □ 文字の面白さを体感する。
- □ アルファベットの文字と音のつながりの入口を体験する。

▼ このテーマのポイント
いろいろな文字に触れ、文字への興味を引き出す

日本語には漢字、片仮名、平仮名があり、それら三種類の文字を使っていることの特殊性を知ることから始めましょう。漢字は中国からきていることに触れてもいいでしょう。その後で、ヨーロッパの多くの言語は同じアルファベットを使用していることを教えます。また、漢字は一つ一つの字が意味を持っている表意文字で、アルファベットは一つ一つの字が意味を持たず音のみを表す表音文字であるということに触れることも重要です。

▼ 導入のポイント
固有名詞で音と文字をつなげる

数字と同様に、アルファベットもすでに児童が知っていると思われることが多いですが、実際に個々の文字を提示して、その文字が何かと尋ねると、知らない文字がたくさんあります。その場合、アルファベットの26文字を見ながら、アルファベットソングをBやLなどA以外の文字からスタートして歌ったり、ZからAまで逆回りで歌ったりする活動(p.35)を行うことで、楽しくアルファベットに触れる機会を作ることができます。

アルファベットと意味のある言葉をつなげる最初のステップは、自分や友達の名前、あるいは漢字では読むのが難しい地名などを選びましょう。音と文字をつなげる第一歩としては、ローマ字で書かれた固有名詞を音にする活動が最適です。

▼ 高学年向けの活動のポイント
書くよりキーボードを打つことで興味を高める

文字と言えばすぐに書くことを考えますが、書くだけでなくキーボードを打つことを取り入れると、高学年の児童でも単純な作業を楽しく興味を持って行います。パソコンのキーボードを使用しますが、本物のパソコンではなく、紙のキーボードを使っても、十分に楽しく活動できます。キーボードのキーにタッチしながら、誰の名前か当てるゲームや、地名を当てるゲームができます。慣れてきたら、徐々に指の使い方にも触れるといいでしょう。

また、児童が聞いたことがあり意味も知っている単語のスペルを、先生がゆっくり言い、児童はそのスペルを打ちながら、その単語が何を意味しているか推測するといった活動までできると、非常にレベルの高い活動になります。

最後に本物のコンピューターを使う機会を作ると、児童の文字への関心は一挙に高まります。

活動1

アルファベットソングを歌おう

準備するもの ワークシート「アルファベットソングを歌おう」(12.pdf)
所要時間 30分

■ 歌で文字と音を結び付ける

アルファベットソング(ABCの歌)はたいていの児童が知っています。AからABCDEFG……の順番で歌いますが、これだけの活動だとすぐにできてしまい、児童の関心を引くことは難しいでしょう。ここでは高学年向けにBからBCDEFGH……のように歌ったり、ZからZYXWVUT……と逆から歌ったりする活動を取り入れましょう。

この歌い方にすると確実にABCの文字を一つ一つ確認しながら歌うことになるので、音と文字を結び付けることができ、アルファベットの個々の文字になじむいい機会になります。ワークシートにはAからZまでだ円形に書かれていますので、どこからでも歌うことができます。

児童はすでにローマ字を習っているため、ABCの文字を理解しているように思っていますが、一つ一つの文字について聞いてみると、思っているほど正確に理解していない場合があります。この活動を通して定着を促しましょう。

※ ワークシートには、A〜Zで始まる単語の絵も描いてあります。

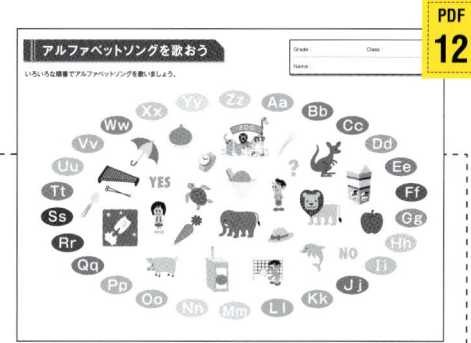

PDF 12

■ ワークシートの使い方

① 児童数分コピーをして、1枚ずつ配ります。
② アルファベットソングを歌う時などに、使用します。

CD 16 Teacher Talk

① Let's sing the alphabet song.
② Do you know this song?
③ Good! You sang it well.
④ Next, let's sing the alphabet song from B to A.
⑤ Can you do it?
⑥ It may be a little difficult.
⑦ Please look at the handout.
⑧ It will help you.
⑨ Are you ready?
⑩ Then, let's try to sing from Z to A.

[和訳]
①アルファベットソングを歌いましょう。②この歌を知っていますか？ ③いいですね。ちゃんと歌えましたね。④次はBから始めてAまで歌いましょう。⑤できますか？ ⑥少し難しいかもしれません。⑦プリントを見てください。⑧とても分かりやすいですよ。⑨いいですか？ ⑩それでは、Zから始めてAまで挑戦してみましょう。

活動2

自分の名前で手を上げよう

準備するもの なし
所要時間 30分

■ 自分の名前でアルファベットに親しむ

　[活動1]のアルファベットソングに十分親しんだら、アルファベットソングを歌いながら自分のイニシャルの音が聞こえると同時に手を上げる活動をしましょう。いきなりこの活動に入るのが不安であれば、最初にアルファベットソングの復習をするといいでしょう。

　まず児童の名前のイニシャルを確認します。例えば、イニシャルがA.YならAとYのところで手を上げます。K.Kのように同じ文字が二つの場合は、Kの時に両手を上げるように指示します。

　イニシャルのところで手を上げられるようになったら、次は、自分のファーストネームをローマ字で書かせて、そのすべての文字で手を上げる活動に発展させます。この場合も、文字が一つあれば片手、同じ文字が二つあれば両手を上げるようにします。文字が三つ以上ある場合は、立ち上がって両手を上げるなどのルールをあらかじめ決めておきましょう。

　どちらの活動も、聞いた音をイメージして文字に結び付ける活動です。最初は紙にイニシャルやファーストネームを書かせて、確認しながら歌うといいでしょう。慣れてきたら[活動1]のようにアルファベットの途中から、またZから歌い始めるなどして難易度を上げていくと、何度でも楽しむことができます。

CD 17 Teacher Talk

① My name is Tanaka Naoto.
② So, my initials are T.N.
③ Do you know your initials?
④ What are your initials?
⑤ Oh, your initials are Y.Y.
⑥ Let's sing the alphabet song again.
⑦ Please raise your hand when you hear your initials.
⑧ Do you understand? Please try it.
⑨ What letters are there in your first name?
⑩ Please raise your hand when you hear those letters.

[和訳]
①私の名前はタナカナオトです。②イニシャルはT.Nです。③自分のイニシャルが分かりますか？ ④イニシャルは何ですか？ ⑤ああ、イニシャルはY.Yですね。⑥アルファベットの歌をまた歌いましょう。⑦自分のイニシャルの文字が聞こえたら、手を上げてください。⑧分かりましたか？歌ってみましょう。⑨ファーストネームには、どの文字が入っていますか？ ⑩それらの文字が聞こえたら、手を上げてください。

活動3

誰の名前か分かるかな？

準備するもの 児童の名前をローマ字で書き出した用紙
所要時間 40分

■ アルファベットを聞いてイメージする

児童の名前のアルファベットを読み上げて、それが誰の名前かを当てさせる活動です。

先生は事前に児童の名前をローマ字で書き出しておき、誰の名前にどのアルファベットがいくつ含まれているかを確認しておきましょう。書き出した用紙を見ながら、先生が一人の児童の名前のアルファベットとそれぞれの数を言って、児童に誰の名前か推測させます。

この活動は、同じクラスの児童同士だからできる活動です。例えば、ケイコの場合、KEIKOとなり、Kが二つ、Eが一つ、Iが一つ、Oが一つとなります。男の子の名前や女の子の名前、短い名前や長い名前をうまく混ぜてクイズにすることで活動を盛り上げることができます。また、一文字ずつアルファベットを意識させることができ、誰の名前かを真剣に考えさせることができます。先生の名前を入れても面白いでしょう。

クラスの人数が多い場合は、1回の活動で全ての児童の名前について行うのは難しいので、2、3回に分けて行うといいでしょう。

発展編としては、歴史上の人物や有名人の名前を取り上げて行うこともできます。すでに社会で習ったことがある人物を取り上げると、それがヒントにもなり活動として盛り上がるでしょう。

CD 18 Teacher Talk

① I'm going to tell you some letters.
② That's somebody's name.
③ Please guess whose name it is.
④ Do you understand?
⑤ Are you ready?
⑥ There are two Ks, one E, one I and one O.
⑦ Whose name is it?
⑧ That's right.
⑨ That's Keiko's name.
⑩ The next question is a little bit difficult.

[和訳]
①これからいくつかの文字を言います。②それは誰かの名前です。③誰の名前か考えてみてください。④分かりましたか？ ⑤準備はいいですか？ ⑥Kが二つ、Eが一つ、Iが一つ、Oが一つ。⑦誰の名前ですか？ ⑧その通りです。⑨ケイコの名前です。⑩次の質問は少し難しいですよ。

活動4

ペーパーキーボードで練習しよう

準備するもの ワークシート「ペーパーキーボードで練習しよう1、2」(13.pdf)
所要時間 30分

■ 一石三鳥のアルファベット学習

ペーパーキーボードを使ってアルファベットに親しむ活動です。ワークシート(13.pdf)を児童に配り、自分の名前にあるアルファベットを色えんぴつでマークさせます。その時に、1回だけ使う文字は赤、2回使う文字は緑、3回使う文字は黄色、4回使う文字は青でマークするように指示します。

アルファベットの配列は、英語の単語のスペリングではなく、日本語の単語のローマ字を打つことから始めると、位置が理解しやすいです。まず、ワークシート(13.pdf)を配り、長万部(おしゃまんべ)、羽咋(はくい)、読谷村(よみたんそん)などのような、日本各地の読みにくい地名から確認します。

次に、ペーパーキーボードでその文字を打つ練習をしましょう。読みにくい地名の読み方、ローマ字の書き方、さらにキーボード上のアルファベットの配列の3点が同時に理解できる、有意義な活動になります。

PDF 13

■ ワークシートの使い方

① 児童数分コピーをして、1枚ずつ配ります。
② 1～6の地名をローマ字で書いて、キーボードを打つ練習をします。

CD 19 Teacher Talk

① Look at these kanji.
② How do you read these kanji?
③ This is a place in Hokkaido.
④ We say these kanji "Oshamanbe."
⑤ Please write Oshamanbe in the Roman alphabet.
⑥ Did you write it?
⑦ Next, please type it on your paper keyboard.
⑧ Put your fingers on the keyboard.
⑨ Where is O?
⑩ Touch O.

[和訳]
①これらの漢字を見てください。②これらの漢字は何と読みますか？ ③これは北海道の地名です。④これは「おしゃまんべ」と読みます。⑤ローマ字で「おしゃまんべ」と書いてください。⑥書けましたか？ ⑦次は、ペーパーキーボードで打ってみてください。⑧キーボードに手を置いてください。⑨Oはどこにありますか？ ⑩Oをタイプしてください。

Column 4　小泉清裕×英語活動への思い

どのような英語活動をイメージしたらいいですか

A 「聞いたことのある言葉」を増やす活動をしましょう

「使える言葉」にするために「聞いたことのある言葉」を増やす

英語学習だけでなく、どの外国語の学習でも、最終的な目標はその言語を使えるようにすることです。「知らない言葉」を「使える言葉」にするということです。「知らない言葉」を「使える言葉」にするにはどうしたらいいでしょうか。それにはいくつかの段階があります。まず「知らない言葉」を「知っている言葉」にする必要があります。その「知っている言葉」の中の何％かが「使える言葉」になります。

実は「知らない言葉」が「知っている言葉」になる前にもう一つ段階があります。それは、「聞いたことのある言葉」になる段階です。もちろん、そのうちの何％かの言葉が、いずれ「知っている言葉」へと変化していきます。そして、その中の何％かの言葉が、「使える言葉」になるのです。

言葉の学習の全ての始まりが、この「聞いたことのある言葉」から始まります。小学校の英語活動では、この「聞いたことのある言葉」を増やすことが最も大切なことです。

英語活動では英語の引き出しにいっぱいものを入れる

小学校の国語学習は、小学校に入学するまでの生活で学んできた日本語が、どのように成り立っているのかを改めて学習言語として学ぶ機会です。生活言語として、生まれてから6年間の蓄積があって、国語学習が成り立っているのです。

中学校の英語学習は、小学校の国語学習の方法と非常に似ています。文字を学び、文字で表しているものの意味を覚え、それを文にしていきます。やっていることは非常に似ていますが、学習者の状況は全く異なります。小学生は入学時に日本語を聞いて話すことができますが、中学生は英語を聞いたり、話したりすることはほとんどできません。にもかかわらず、英語の表記方法や文法的な説明を受けています。

小学校の国語学習や中学校の英語学習は、いわば引き出しの中の整理をしているようなものです。小学生の日本語の引き出しは、たくさんのものであふれていますが、中学生の英語の引き出しにはほとんど入っていません。それなのに、引き出しの中の整理に時間をかけているわけです。たくさんのものがあってこそ整理が必要なのですから、整理する前に引き出しにものをたくさん入れる必要があります。

引き出しの中にぐちゃぐちゃでもいいから、とにかくものを入れること、それが小学校の英語活動の役割です。理由や目的はよく分からなくても、ものを入れることから始めるのが言葉の学習なのです。

ほめる・はげますフレーズ

英語にはほめる、はげます言葉がたくさんあります。英語活動の時間でもいろいろな表現を使って、子どもをほめたりはげましたりしましょう。CDで音声を確認しながら、自然にこれらのフレーズが言えるようにしましょう。

CD Track 20

ほめる

いいね！
Good!
Very good!

最高だね！
Marvelous!
Super!
Terrific!

できると思ってたよ。
I knew you could do it.

すごい！
Great!
Wow!

よくできたね！
Well done!
Good job!

えらいね！
I'm proud of you!

素晴らしい！
Excellent!
Fantastic!
Wonderful!

とてもいいね！
Looking good!
Beautiful work.

その調子！
Now you've got it!

CD Track 21

はげます

頑張って！
Come on!

もう一度やってみよう！
Try again!

落ち着いてね。
Relax.

気にしないで！
Never mind!

諦めないで！
Don't give up!

ゆっくりでいいよ。
Take your time.

よく頑張ったね！
Nice try!

おしい！
Close!

できるよ！
You can do it!

Part 2

身の回りにあるリアリティーあふれるテーマ

テーマ06 家の中
- どの家に住みたい？ ……………… 043
- リビングルームには何がある？ …… 044
- 自分の部屋に欲しいものは？ ……… 045

テーマ07 動物
- キリンの足型は二つ？ ……………… 047
- シロナガスクジラは何を食べる？ … 048
- 「河馬」の由来は？ ………………… 049
- 「ウマ」が表す時刻は？ …………… 050

テーマ08 学校・教室
- 英語で1塁〜3塁は何て言う？ …… 053
- 音楽室はどこにある？ ……………… 054
- これはどこにある？ ………………… 055

テーマ09 教科・時間割
- クラスで人気の教科ベスト3は？ … 057
- 体育は何曜日の何時間目にある？ … 058
- 英語で時間割を書こう ……………… 059

テーマ10 スポーツ
- キックベースをしよう ……………… 061
- 自分の記録を測ってみよう ………… 062
- 世界記録と比べてみよう …………… 063

テーマ11 料理
- この道具は何に使う？ ……………… 065
- カレーライスを作ろう ……………… 066
- パンケーキを作ろう ………………… 067
- どの国の料理が好き？ ……………… 068

テーマ12 植物
- これは何の花？ ……………………… 071
- 植物はいくつに分かれている？ …… 072
- どの部分を食べている？ …………… 073

テーマ13 買い物
- パーティーを計画しよう …………… 075
- 欲しいものリストを作ろう ………… 076
- 外国ではいくらかな？ ……………… 077
- 日本が買っているものは？ ………… 078

家の中

1日英語を全く使わずに過ごすとしたら、とても苦労するでしょう。このテーマでは、身近にある英語をたくさん紹介して、英語を身近に感じる活動を展開しましょう。

このテーマの目標 ☞
- □家の中にあるものへの興味と関心を高める。
- □いろいろな部屋の名前や家の中にあるものの名前について理解する。

▼ このテーマのポイント
知っている英語がたくさんあることに気付かせる

リビングルームやダイニングルーム、テレビやテーブル、ソファのようにすでに日本語として知っているもので、英語での発音が日本語と異なるものについては、意識的に英語の発音を聞かせましょう。外来語としての発音と、英語の発音の違いに児童が気付くはずです。

また、たくさんの英語を自分自身が知っていることに児童が気付く大変良いチャンスですので、先生は電子辞書を活用して家の中で目についたものの言い方を前もって調べておいて、意図的にたくさんのものについて英語で紹介しましょう。

▼ 導入のポイント
身近なものの英語での言い方からスタートする

マンションや家の売り出しの広告の中にある写真を利用して、各部屋の名前を確認するところから始めましょう。部屋の名前は、すでに日本語にもなっていますので、英語の音を確認することが主な活動になります。次にWhat is in the living room?（リビングルームには何がありますか？）のような質問をして、部屋の名前とその部屋にあるものを結び付ける活動をすると、英語として何となく知っている語を児童が口にするチャンスになります。部屋の中にある、身近なものの英語での言い方が分かれば、普段の生活の中でそれを目にするたびに、思わず英語で言うようになります。

▼ 高学年向けの活動のポイント
場所を表す前置詞にも触れる機会にする

高学年の活動としては、家庭科の学習で行う「生活環境」についての学習とリンクさせると、活動の幅が広がります。南向きの家が好まれる理由などにも触れることができます。

この単元では基本的に部屋の名前と、部屋にある家具や電化製品などの名前が登場するだけになります。そのため、どの部屋に家具があるかなどの質問を児童にしてLiving room.という答えが返ってきたら、先生はIn the living room.（リビングルームに）と自然に言い替えるようにしましょう。その言葉に気が付いた何人かの児童が、先生をまねてIn the living room.と言う可能性があります。On the sofa.（ソファの上に）や、Under the table.（テーブルの下に）など、in、on、underぐらいなら高学年の児童なら理解するでしょう。先生が繰り返しこれらの言葉を使って表現していれば、児童は徐々に前置詞の存在に気が付くはずです。提示する絵や写真の中に、in、on、underなどが使えるものを選んでおくことが大切です。

活動1

どの家に住みたい？

準備するもの ワークシート「新しい家に引っこそう」(14.pdf)、色えんぴつ
所要時間 30分

■ しっかり指示を聞く場面を作る

　ワークシート(14.pdf)を使用して、部屋の名前の英語での言い方を確認しましょう。新聞の折り込み広告や、住宅雑誌などに掲載されている家の間取り図を使用してもいいでしょう。

　ワークシートには4種類の間取り図がありますので、その中から好きな間取りを一つ選ばせます。

　12色の色えんぴつを用意させて、それぞれの部屋に何色を塗るか先生が英語で指示を出します。間取り図には日本語で「リビング」や「キッチン」などの言葉が入っていますので、どの部屋がどこにあるのか分かるはずです。その後、「キッチンは何色に塗ったか」「青く塗ったのはどの部屋か」などを尋ねる活動もできます。

　児童は個々に選んだ間取り図を見ながら活動しますので、全員が同じところを同じ色で塗ることにはなりません。各自がしっかり先生の指示を聞いている必要があるため、集中力が維持できる活動になります。

■ ワークシートの使い方

① 児童数分コピーをして、1枚ずつ配ります。
② 4種類の間取り図の中から、好きな間取りを一つ児童に選ばせます。
③ 各部屋に塗る色を指示し、児童は色を塗ります。

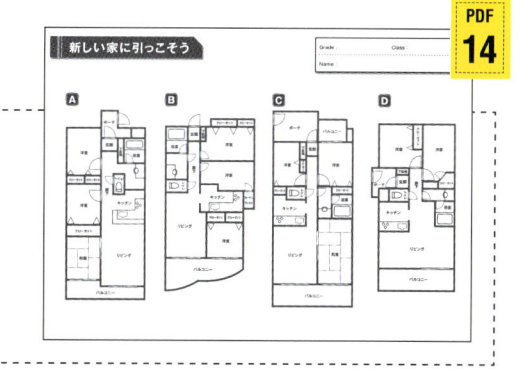

CD 22　Teacher Talk

① Look at this picture.
② This is the plan of a house.
③ Take out your colored pencils.
④ Please color the living room green.
⑤ Next, color the kitchen orange.
⑥ Color the balcony pink.
⑦ Color the bedroom blue.
⑧ Did you color the rooms?
⑨ What color is the kitchen?
⑩ That's right.
⑪ The kitchen is orange.
⑫ Which room is the blue one?
⑬ Yes. It's the bedroom.

[和訳]
①この図を見てください。②これは家の間取り図です。③色えんぴつを用意してください。④リビングルームを緑で塗ってください。⑤次に、キッチンをオレンジで塗ってください。⑥ベランダをピンクで塗ってください。⑦寝室を青で塗ってください。⑧部屋に色を塗れましたか？⑨キッチンは何色ですか？⑩そうです。⑪キッチンはオレンジです。⑫青はどの部屋ですか？⑬そうです、寝室ですね。

> 活動2

リビングルームには何がある？

準備するもの ワークシート「リビングルームには何がある」(15.pdf)、マンションや家のチラシ、部屋が写っている雑誌、カタログなど
所要時間 20分

■ 導入は外来語から

部屋にある家具を取り上げる活動をしましょう。ワークシート(15.pdf)はリビングルームを例にしています。何があるかを英語で聞きながら、色についても尋ねると色の名前の復習もすることができます。

他に、部屋が写っているチラシや雑誌、カタログなどを用意するといいでしょう。写真が小さい場合は、教材提示装置を活用するか、コンピューターに画像を取り込んでおいてプロジェクターでその画像を大きく提示しましょう。

また、先生が自分の家の中を撮影して、その写真や映像を使用してもいいでしょう。身近な人の家だと児童も興味を持って活動を楽しむことができます。またこの活動では身の回りにある多くのものの名前に英語で触れるいい機会にもなります。

この活動で行った内容が、次の「自分の部屋に欲しいものは？」(p.45)にもつながっていきますので、部屋にあるものをたくさん紹介しておくといいでしょう。

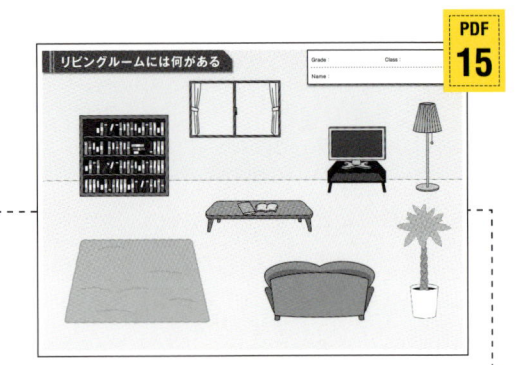

■ ワークシートの使い方

① 児童数分コピーをして、1枚ずつ配ります。
② 部屋にある家具やその色について尋ねます。

CD 23 Teacher Talk

① This is the living room.
② What is in the living room?
③ Please tell me what you see.
④ Yes. This is a sofa.
⑤ What color is the sofa?
⑥ Good, it's green.
⑦ Are there any other things?
⑧ There is a TV in the living room.
⑨ There is a carpet, a bookshelf, and a table in the living room.
⑩ Next, what is in the bedroom?
⑪ Of course, there are beds in the bedroom.
⑫ How many beds are there?
⑬ Yes, there are two beds in the bedroom.
⑭ Where is the lamp?
⑮ Yes, it's on the small table.

[和訳]
①これはリビングルームです。②リビングルームには何がありますか？ ③何が見えるか言ってください。④はい。これはソファです。⑤ソファは何色ですか？ ⑥そうです、緑です。⑦他には何がありますか？ ⑧リビングルームにはテレビがあります。⑨リビングルームにはカーペット、本棚、それにテーブルがあります。⑩次は、寝室には何がありますか？ ⑪もちろん寝室にはベッドがあります。⑫ベッドはいくつありますか？ ⑬そうです、寝室には二つベッドがありますね。⑭照明はどこですか？ ⑮そうです、小さいテーブルの上にあります。

活動3

自分の部屋に欲しいものは？

準備するもの 大きめの画用紙
所要時間 40分

■ 発話する場面を作る

「どの家に住みたい？」(p.43)、「リビングルームには何がある？」(p.44)で行った、部屋にあるものの名前の復習として、自分の部屋に欲しい家具や電化製品などを考える活動を行いましょう。高学年になると、欲しいものを意識し始める頃なので、興味を持って活動に取り組むはずです。

まず、大きめの画用紙を配布します。その画用紙を自分の部屋に見立てて、自分の部屋に置きたい家具や電気製品を描くように指示します。授業の時間内に絵を描かせると時間がかかりますので、あらかじめチラシや雑誌などから、欲しい家具や電化製品を選ばせて切り取らせておくといいでしょう。それらを画用紙に貼ると時間の節約になります。

画用紙は平面的に使うこともできますが、横半分に切って、三つ折りにしてコの字型にして立たせると、立体的な部屋の感じを出すことができます。

でき上がったら、部屋の中に何があるか尋ねます。自分の部屋にあるものを紹介することで、児童が英語を発話する機会を作ることができます。部屋に入れられる家具や電化製品などの数を10個ぐらいに限定しておくと、子どもたちが本当に欲しいと思うものの優先順位が分かって楽しい活動になります。欲しいものの人気投票をしてもいいでしょう。

CD 24 Teacher Talk

① Look at this piece of paper.
② Please fold your piece of paper like this.
③ This is your room.
④ You can put 10 items in your room.
⑤ Cut the items from this piece of paper.
⑥ Do you have your glue?
⑦ Please paste the items onto the paper.
⑧ That will be your unique room.
⑨ Do you understand?
⑩ Did you make your unique room?
⑪ You have a bed, a TV, a TV game, a desk, a chair, and some books on the bookshelf.

[和訳]
①この紙を見てください。②このように折ってください。③これはあなたの部屋です。④10個のアイテムをこの部屋の中に置きます。⑤この紙からアイテムを切り取ってください。⑥のりはありますか？⑦切り取ったらこの紙に貼り付けてください。⑧あなたのオリジナルの部屋です。⑨分かりましたか？⑩オリジナルの部屋を作りましたか？⑪ベッド、テレビ、テレビゲーム、机、いす、本棚に数冊の本がありますね。

動物

単なる動物の英語の名前に親しむ活動ではなく、知識を深め好奇心を刺激するような話題を提示する活動をしましょう。

このテーマの目標 👉
- □ 動物の生態について興味を持ち、動物愛護への意識を高める。
- □ 動物名や動物の生態に関連する英語に触れる。

▼ このテーマのポイント
何の動物か考える活動にする

動物をテーマにした活動では、動物の名前を何度も言って覚えたり、知っている動物の名前を何度も言ったりすることではなく、動物についての情報を英語で聞いて、その動物が何かを考える活動から始めることが大切です。言葉のいらないジェスチャーゲームではなく、言葉での情報がたくさん含まれる英語活動を目指さなければなりません。

具体的には、足型や尻尾のように、大人でもどの動物か分からないような写真などを用意して、いくつかの短い文で、それが何かを説明すると、自然とたくさんの英語に触れる活動にすることができます。

▼ 導入のポイント
ヒントの出し方が活動レベルを左右する

活動の基本は、動物についてのヒントを聞いて、その動物が何かを理解することです。英語の難易度や高学年の児童の知的好奇心をくすぐるための活動レベルは、ヒントの出し方と、どのようなことをヒントにするかで、十分変化をつけることができます。

例えば答えがゾウの場合、ヒントの出し方は、big, heavy, nose, Africa, Asiaのように、単語だけのヒントから始めましょう。このようなヒントなら、児童も出題者になれます。クイズを作る時間を取り、分からない英語は先生と一緒に電子辞書などで調べるようにするとよいでしょう。グループやクラスでクイズ大会もでき、導入として効果的な活動になります。

▼ 高学年向けの活動のポイント
先生がテーマについての知識を蓄える

高学年の活動として成り立たせるためには、英語表現を難しくするのではなく、情報として伝える内容のレベルを上げることで対応できます。児童の動物についての知識を活用したり、他教科の学習と組み合わせたりすれば、高学年にふさわしい活動になります。そのためには、先生が動物の生態や特徴を調べ、知識として持っている必要があります。

また、活動を行う時はできるだけ時間をかけて丁寧に行うことが大切です。例えば、漢字を使用した活動（p.49）では「海豚」という漢字を見せて、それが何の動物かを尋ねるのではなく、「海」や「河」「馬」「豚」などの漢字を見せて、それぞれの漢字を表す英語を確認した上で、漢字を組み合わせた時にどの動物の名前になるかを尋ねると、児童との英語での対話を増やすことになります。「海豚」が「いるか」と発音して、その英語名はdolphinであるというように、丁寧な活動にしましょう。上記の漢字では、海豚だけでなく、河馬（hippopotamus）、そして河豚（globefish）の三つの生き物の組み合わせができます。

活動1

キリンの足型は二つ？

準備するもの シート「動物の足型」(16.pdf)
所要時間 20分

■ 足型をヒントに何の動物か推測する

動物は子どもに人気がありますので、たいていの動物の名前を子どもは知っているでしょう。ただ、動物の足型となると大人でも分からないものがたくさんありますので、子どもも見たことがないものがほとんどでしょう。

足型のワークシートを使って、それがどの動物の足型なのかを尋ねる活動をしましょう。ライオンやゴリラなどは、ある程度見当がつくかもしれませんが、キリンやラクダの足型は二つに分かれていることや、ゾウの足型の実際の大きさなど、初めて知ることが多くあります。いろいろなヒントを出してたくさんの英語に触れる活動にしましょう。

※原寸サイズでプリントアウトする際は、動物ごとにページを指定して、以下の用紙を使用し、PDF印刷設定画面の「ページの拡大／縮小」の項目で「なし」を選択してください。

〈A4サイズ〉
①コアラ(koala) ②ゴリラ(gorilla) ③ラクダ(camel) ④キリン(giraffe) ⑤ライオン(lion)
〈A3サイズ〉
⑥ヒグマ(brown bear) ⑦サイ(rhinoceros)
〈A3サイズ×2枚〉
⑧アジアゾウ(Asian elephant)

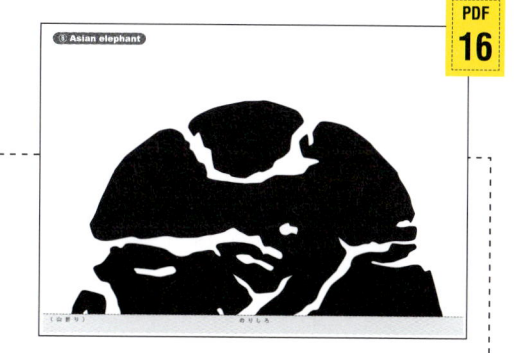

PDF 16

■ ワークシートの使い方

足型を原寸サイズで提示して、それぞれがどの動物のものか尋ねます。

※文字が読めるクラスの場合は、動物名(英語)を隠して使ってください。

CD 25　Teacher Talk

① Look at this.
② What's this?
③ This is an animal's footprint.
④ This animal is the tallest animal on the earth.
⑤ It's about five meters tall.
⑥ It's brown and white.
⑦ It lives in Africa.
⑧ Yes, this is a giraffe's footprint.
⑨ Which is bigger, this giraffe's footprint or your foot?
⑩ How many centimeters long is this?
⑪ So, what kind of footprint is this?
⑫ It's very big.
⑬ Yes, this is an elephant's footprint.

[和訳]
①これを見てください。②これは何ですか？ ③これは動物の足型です。④この動物は地球上で最も背が高い動物です。⑤約5mもあります。⑥色は茶色と白です。⑦アフリカに生息しています。⑧そうです、これはキリンの足型です。⑨キリンの足型とあなたの足はどちらが大きいですか？ ⑩長さは何cmですか？ ⑪ではこれは何の足型ですか？ ⑫とても大きいですね。⑬そうです、これはゾウの足型です。

> 活動2

シロナガスクジラは何を食べる？

準備するもの なし
所要時間 30分

■ 動物の生態を通して英語に親しむ

　動物が何を食べているかを取り上げる活動をします。動物には、carnivorous animals（肉食動物）と、herbivorous animals（草食動物）がいます。難しい単語のように見えますが、carnivorousは「謝肉祭」という意味のcarnivalと関連した語ですし、herbivorousのherbは「草」や「薬草」などを意味する語です。このようにして関連付けて考えると理解しやすいですね。これらの単語は授業で教えることはないですが、先生はこういった背景的な知識を持っておくと自信につながります。

　活動ではいろいろな動物の食べ物を取り上げましょう。いくつか例をあげます。どの動物が何を食べているのか、マッチングゲームに発展させることもできます。

【ライオン】肉食動物ですが、食べるのは草食動物だけです。草食動物の内臓を食べることで、草から取る栄養を補充しています。

【パンダ】笹の葉や竹を食べる草食動物と思われていますが、実際は雑食で小動物も捕食することがあります。

【フラミンゴ】エビや小型の貝を食べます。水ごと口に入れて、口ばしの縁にある組織で濾して食べます。

【シロナガスクジラ】主食はオキアミという小さいエビ（プランクトン）で、大人になると1日4トン以上も食べます。

CD 26 Teacher Talk

① What do pandas eat?
② Pandas eat bamboo leaves.
③ What animal eats eucalyptus?
④ It lives in Australia.
⑤ It sleeps a lot.
⑥ Yes, it's a koala.
⑦ Koalas eat eucalyptus.
⑧ How do flamingos eat shrimp?
⑨ A blue whale is the biggest animal in the world.
⑩ What do blue whales eat?
⑪ Yes, they eat plankton.
⑫ How much plankton do blue whales eat a day?

[和訳]
①パンダは何を食べていますか？ ②パンダは竹の葉を食べます。③ユーカリを食べるのはどの動物でしょう？ ④オーストラリアに住んでいます。⑤よく眠ります。⑥そうです、コアラです。⑦コアラはユーカリを食べます。⑧フラミンゴはどのようにしてプランクトンを食べますか？ ⑨シロナガスクジラは世界で最も大きい動物です。⑩シロナガスクジラは何を食べますか？ ⑪そうです、プランクトンを食べます。⑫1日にどれくらい食べますか？

活動3

「河馬」の由来は？

準備するもの ワークシート「どの動物のことかな」(17.pdf)
所要時間 30分

■ 漢字の読み方から活動に発展させる

動物を漢字で表記すると、読めないものがたくさんあります。高学年の児童でも見たことのない動物を表す漢字を選んで英語でのヒントをもとに、それが何の動物で、英語で何というかを尋ねる活動をしましょう。

漢字は表意文字ですが、英語は表音文字です。漢字はそのままでも意味が分かりますが、音にするのが難しい（読みにくい）ものもあります。例えば「水母（海月）」は文字を見ただけでは想像がつきませんが、「クラゲ」という音が分かれば、これが何を意味しているのかすぐに理解できます。

始めから「水母」という文字を出すのではなく、水がwater、母はmotherなどのような紹介を入口にすると、英語活動として、さまざまな英語に触れる機会が増えます。また「河馬」という漢字がギリシャ語に由来することなど、語源について触れることもできます。

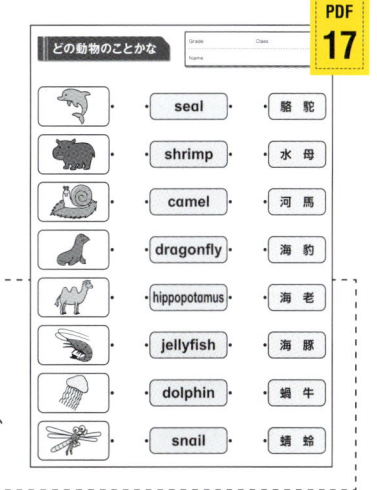

PDF 17

■ ワークシートの使い方

① 児童数分コピーをして、1枚ずつ配ります。
② 漢字の読み方を確認し、先生が英語を読みあげたら、絵と英語名、英語名と漢字を線でつなぐように指示します。

CD 27 Teacher Talk

① What does this kanji mean?
② It means "sea."
③ What does this mean?
④ Yes, it means "pig."
⑤ But what do these kanji mean together?
⑥ "Sea" and "pig" together mean "dolphin."
⑦ This kanji combination means "dolphin."
⑧ How about this?
⑨ This means "river" and this means "horse."
⑩ What animal is this?
⑪ Good. This is "hippopotamus."
⑫ There are kanji, pictures and English words on this sheet.
⑬ Match the kanji, pictures and English words.

[和訳]
①この漢字は何を表していますか？ ②これは海を表します。③これは何を表していますか？ ④そうです、これはブタです。⑤でも、これらの漢字を合わせると何を表しますか？ ⑥海とブタはイルカを表しています。⑦これらの漢字の組み合わせはイルカを表します。⑧これはどうですか？ ⑨これは川で、これはウマを表します。⑩これは何の動物ですか？ ⑪よくできました。これはカバです。⑫このプリントには漢字と絵と英語名があります。⑬それらをつなげてください。

049

活動4

「ウマ」が表す時刻は？

準備するもの ワークシート「時刻を表す干支の名前を入れよう」とカード「干支」(18.pdf)
所要時間 40分

■ 干支には高学年向けの要素が満載

干支の名前は何となく知っていても、12種類の漢字と動物がつながる児童は少ないでしょう。そこで、動物と漢字を組み合わせたもう一つの活動として、干支を示す漢字を使用して活動をしましょう。ヒントを英語で出すことで、漢字が英語活動の重要な役割を果たします。

干支の漢字カードを使うときは、はじめはランダムに漢字を見せて、英語での言い方を一通り確認します。その後干支の順に並べ替えると、活動がもう一つ増えるため、英語に触れる回数が多くなります。

また、干支は方位や時刻をテーマにした活動にも取り入れることができます。方位がテーマの時は「子午線」という言葉は「子」が北を示し、「午」が南を示すことから「子午線」という言葉が生まれたという話をしてもいいでしょう。時刻がテーマの時は、「午」は午前11時から午後1時までの時刻を示し、ちょうどその中心の時刻が正午となるため、午の時刻より前を午前、午の時刻よりも後を午後、という背景を話してもいいでしょう。

■ ワークシートとカードの使い方

① ワークシートは児童数分コピーをして、1枚ずつ配ります。
② カードを使って干支の順番や漢字、英語名を確認します。
③ ワークシートを使って方位や時刻の説明をします。

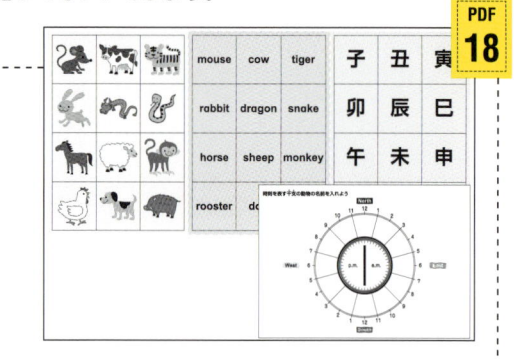

PDF 18

Teacher Talk (CD 28)

① What does this kanji mean?
② It's an animal.
③ What is your *eto*?
④ My *eto* is the rabbit.
⑤ This kanji means "mouse."
⑥ Which kanji means "horse?"
⑦ What *eto* comes after the dragon?
⑧ What *eto* comes before the wild boar?
⑨ What is the direction for the horse?
⑩ Yes. It's south.
⑪ What time is the hour of the cow?
⑫ That's right.
⑬ It's from 1 to 3 a.m.

[和訳]
①この漢字は何を表していますか？ ②これは動物です。③あなたの干支は何ですか？ ④私の干支は卯です。⑤この漢字は子を表します。⑥午を表す漢字はどれですか？ ⑦辰の後には何の干支が来ますか？ ⑧亥の前には何の干支が来ますか？ ⑨午の方角は何ですか？ ⑩そうです、南です。⑪丑の時刻は何時ですか？ ⑫その通りです。⑬午前1時から3時です。

Column 5　小泉清裕 × 英語活動への思い

担任の先生がやるべきことは何ですか

A これまでの英語学習法を離れ、新しい考え方を持ちましょう

場面を設定し、その中で必要な表現を取り上げる

小学校の英語活動では、英語という言葉に触れることが主な活動にならなくてはなりません。これまでの英語学習は「先に言葉ありき」が当たり前のように考えられてきました。例えば「道案内」なら、Go straight.（まっすぐ進んで）、Turn right.（右に曲がって）、Turn left.（左に曲がって）という言葉が先にあり、この言葉の練習が主な活動になっていました。しかし英語活動では言葉を先に設定するのではなく、場面が先にあって、その場面にはどのような言葉が必要かを検討する必要があります。

「年齢を尋ねる」場合、ほとんどの中学校の教科書ではHow old are you?という表現が例に挙げられています。ですから、小学校でも「年齢」というテーマで活動を行う場合、この表現を練習させるために、同級生に年齢を尋ねるという、不可思議な活動を何の疑問も感じないまま、当たり前のように行っています。

「年齢」というテーマでは、How old are you?をちょっと変化させれば、How old is Tokyo Tower?（東京タワーは建てられてどれくらい？）やHow old is the Daibutsu in Nara?（奈良の大仏は建立されてからどれくらい？）のような質問ができます。まず、場面を設定して、その中でどのような表現が必要かを考えることからスタートすべきでしょう。

子どもは「聞く活動」、先生は「話す活動」

子どもたちが中心的に行う活動は「聞く活動」です。聞いて内容が分かることが最も重要です。となれば、先生が行うことは「話す活動」です。しかし、ここで問題が起こります。小学校の先生は英語で話すことが得意な人は多くありません。実際には、英語を話せるかどうかを判断するほど、話した経験がないのでしょう。ですので英語活動を行うことで、今までの英語学習が生かせる場面ができたと喜ぶような、気楽な気持ちで英語活動を実践してみましょう。

英語を話せるようになるためには、自分が言いたいことを英語で書いてみる機会をたくさん持つことです。中学校で学んだ英語表現や文法が生かせるレベルの英語でいいでしょう。そのくらいの英語ならば、聞いている児童にも理解できるはずです。「書けない英語は話せない」と考えて、短い文をつなげて書いてみましょう。

そしてまずは書いた英語を読むことで、音声で自分の言いたいことを他者に伝達できることを先生が実感しましょう。書くことで、英語の間違いを発見できるという利点もあります。書いた文章をALT（外国語指導助手）や英語の堪能な教師に前もって見てもらい、間違いを訂正してもらうといいでしょう。そうしておけば、安心して英語を読むことができます。読むことに慣れてくると自然に話すことへと変化していきます。

学校・教室

学校には英語活動に生かすことができる要素がたくさんあります。学校に意識を向けながら、効果的に英語表現にも触れる活動を目指しましょう。

このテーマの目標
- □ 学校の中にあるものや場所についての興味を持ち、学校への愛着を高める。
- □ 教室の名前と場所、教室の中にあるものについての言い方に慣れる。

▼ このテーマのポイント
階の言い方で序数にも触れる

学校にはたくさんの教室があります。それぞれの教室の名前を確認しましょう。各教室の名前が分かったら、それぞれが学校のどこにあるか、校内の見取り図などを使用して場所を確認する活動をしましょう。児童は普段自分たちが使用しない部屋がどこにあるか、そして見取り図上ではその部屋がどれにあたるかなど、あまり意識していませんので、学校を知るという意味でも楽しい活動になります。

階を表す、the first, the second, the third などの語にも触れるようにしましょう。Where is our homeroom?（教室はどこですか？）の先生の質問に On the second floor.（2階です）の返事があれば完璧だと考えて活動の進め方を工夫しましょう。

▼ 導入のポイント
工夫して撮影した教室の写真で興味を引く

学校内の特別教室の写真を撮り、その写真を見せながらその教室の名前を英語で紹介することから始めましょう。写真を撮る時に、ちょっと工夫をして、どの教室か分からないように撮影したものも用意しておくと、謎解きのようにヒントを出すことができ、児童が英語を聞く機会が増えます。自分の教室だけでなく、他の学年の教室の写真も用意しておくと、そのクラスの担任の先生の名前を尋ねたり、その教室のクラスの児童数も尋ねたりすることができます。

また、見取り図の各教室を色分けすると、学校全体へ興味を持ち、既習の数や色の復習もできる活動になります。

▼ 高学年向けの活動のポイント
無意識に見ている校舎内のものに注目させる

5、6年間と過ごしている学校の中でいつも目にしているものでも、それだけを取り上げて示されると、どこにあるか分からないものが多くあります。毎日使用している階段の脇に飾られている絵や置物など、意識していないとなかなか分からないものです。そのようなものを選んで写真を撮り、それがどこにあるか尋ねるクイズ大会をしましょう。

さらに撮影の時、接写したものから次第にそれが何か分かるような写真の撮り方をしておけば、What's this?（これは何ですか？）の質問から始めることができます。ピアノの足の部分、黒鍵の部分の写真、しかもそのピアノが音楽室ではなく、違う教室にあれば、非常に面白いクイズになります。5、6年間通った学校のどこに何があったか、記憶に残る上、活動の後、児童は学校の中にあるものに興味を持つようになります。児童にカメラを持たせ、児童が問題を作成することもできます。

活動1

英語で１塁〜３塁は何て言う？

準備するもの　なし
所要時間　15分

■ 序数は野球のベースを入口に

野球のフィールドの絵を黒板に書いて、ホームベースから１塁、２塁、３塁のように順番にベースの名前を確認します。ホームベース(home base)からはじめて、１塁がfirst base、２塁がsecond base、３塁がthird baseであることを伝えて、序数の言い方に慣れましょう。野球は主に男子が好むスポーツですが、高学年であれば女子でもこの程度の知識はあるので、すぐ言い方に慣れることができるでしょう。

thirdの言い方まで確認したら、次は、エレベーターの階を表わすパネルを黒板に書きます。１階はthe first floor、２階はthe second floorというように６階のthe sixth floorまで確認します。Ｂ１などのＢはbasement(地下)を表していること、Ｒは屋根のroofから、屋上を表していることも説明しましょう。sixthまで確認しておくと、「体育は何曜日の何時間目にある？」(p.58)の活動を行う時にスムーズに進めることができます。

このようにして、身近なものを題材にすると、子どもも抵抗なく英語に親しむことができます。他にも序数を表す身近な題材はたくさんありますので、探してみてぜひ英語活動に取り入れてください。

CD 29 Teacher Talk

① Look at the blackboard.
② This is a baseball field.
③ What do you call this place?
④ Yes. It's home (first / second / third) base.
⑤ Next, what is this?
⑥ We are in an elevator.
⑦ What is B?
⑧ B stands for basement.
⑨ R stands for roof.
⑩ 4 (5 / 6) is the fourth (fifth / sixth) floor.

[和訳]
①黒板を見てください。②これは野球のフィールドです。③この場所は何と言いますか？　④そうです、ホーム（ファースト／セカンド／サード）ベースです。⑤次、これは何でしょう？⑥私たちはエレベーターに乗っています。⑦Bとは何でしょう？　⑧Bは地下を表しています。⑨Rは屋根のことです。⑩4(5／6)は4(5／6)階です。

活動2

音楽室はどこにある？

準備するもの 絵カード「教室の名前」（19.pdf）、校内の見取り図
所要時間 20分

■ 見取り図を使って序数を確認

多くの学校には階ごとの見取り図がありますので、それを利用して、教室の位置を確認する活動で序数に親しみましょう。教室の名前に触れたことがなければ、絵カードを使って、英語での言い方を確認しておくといいでしょう。

見取り図には教室名は入れないで人数分コピーし、配っておきます。色えんぴつを用意させて、自分の教室以外に、音楽室や図工室など特別教室の部分に指定した色を塗らせます。分からない教室名が登場した時は、すぐに日本語で説明しないで、その場所が何階にあるかなどヒントを伝えることで、児童は教室名を推測することができます。

教室に色を塗れたら、「音楽室はどこにあるか」「何階か」「何色か」など、場所と色についての質問をしましょう。子どもが教室の名前や階の言い方、色の言い方を繰り返して発話する機会ができます。

PDF 19

principal's office

■ 絵カードの使い方
① B5サイズやA4サイズなど、児童によく見える大きさでプリントアウトしておきます。
② 先生が教室名を読み上げて英語での言い方を確認します。

CD 30 Teacher Talk

① Please color our classroom red.
② Where is our classroom?
③ Is it on the first floor?
④ Is it on the second floor?
⑤ Yes, our classroom is on the fourth floor.
⑥ Where is the music room?
⑦ Is it on the first floor?
⑧ Right! The music room is on the third floor.
⑨ Please color the music room green.
⑩ Next, where is the library?
⑪ It's on the second floor.
⑫ It's a big room.
⑬ Color the library pink.

[和訳]
①私たちの教室を赤に塗ってください。②私たちの教室はどこですか？③1階ですか？④2階ですか？⑤そうです、4階ですね。⑥音楽室はどこですか？⑦1階ですか？⑧そうです！ 音楽室は3階です。⑨音楽室を緑に塗ってください。⑩次、図書室はどこですか？⑪図書室は2階です。⑫とても大きいです。⑬図書室をピンクに塗ってください。

活動3

これはどこにある？

準備するもの 校内にあるものの写真
所要時間 30分

■ 校内にあるものに目を向けた活動

学校内にあるものをカメラで撮影し、それがどこの教室にあるかを考えさせる活動です。撮影の対象とするものは、それが何かわからないように接写したものから、徐々に全体がわかるような写真を用意します。大きくプリントアウトしたものを児童に見せて、それが何か、そしてそれがどの階のどの部屋にあるかを考えるクイズをしましょう。

対象物は子どもたちが一度は見たことがあるものにすると「どこかで見たことがある……」と言って必死に思い出そうとします。毎日見ているものでも、それがどこにあるかは記憶していない場合が多いものです。教室に置いてある目立たないもの、音楽室や職員室にあるものなど、対象になるものはたくさんあるはずです。すぐに正解になるようなものはなるべく避けて、先生が少しずつヒントを与えていきましょう。ヒントを英語で言えるように準備をしておくといいでしょう。児童には答えが分かっても、言わないで手を上げるように指示をしておきましょう。

また、児童をグループに分けてカメラを渡し、次の活動までに校内にあるものを撮ってきてもらいます。次の活動では児童にクイズの出題者になってもらうことで、英語表現に触れさせる機会を増やせます。思いもよらない写真を撮ってくることがあるので、活動に活気が出ます。

Teacher Talk (CD 31)

① Look at this picture.
② What's this?
③ It's very difficult.
④ If you get the answer, please raise your hand.
⑤ Don't say the answer.
⑥ OK? I will show you the next picture.
⑦ This is a big hint.
⑧ This is part of a musical instrument, or *gakki* in Japanese.
⑨ It's big.
⑩ It has many black and white keys.
⑪ Kenta, do you know the answer?
⑫ What is it?
⑬ Right! It's a piano.
⑭ Where is this piano?
⑮ It's in the music room on the third floor.

[和訳]
①この写真を見てください。②これは何ですか？ ③とても難しいですよ。④答えが分かったら、手を上げてください。⑤答えは言わないでください。⑥いいですか？ 次の写真を見せます。⑦大きなヒントですよ。⑧これは楽器の部品です。⑨大きいです。⑩黒と白のたくさんの鍵盤があります。⑪ケンタ、答えが分かりますか？ ⑫これは何ですか？ ⑬正解です！ ピアノです。⑭このピアノはどこにありますか？ ⑮3階の音楽室にありますね。

教科・時間割

児童は時間割を中心に学校生活を送っています。教科の名前と時間割に関する表現にたくさん触れさせる活動を行い、普段から英語での表現を意識させましょう。

このテーマの目標 ☞
- ☐ 自分たちが学習している教科や週当たりの時間数について再確認をする。
- ☐ 曜日や教科時間の言い方と教科名の言い方に慣れる。

▼ このテーマのポイント
曜日と教科時間の言い方にも触れる

教科についてのテーマですので、教科名を理解するのは当然ですが、このテーマでは、曜日の言い方と1時間目、2時間目などの教科の時間についての言い方にも触れる機会にしましょう。the first period から the sixth period までの言い方を示す必要があります。英語が水曜日の2時間目にある時には、You have English in the second period on Wednesday.（水曜日の2時間目に英語があります）のような表現を先生が言えるようにしておくと便利です。難しい表現のように思うかもしれませんが、児童にこの表現を言わせるのではなく、児童は先生の When do you have English?（英語はいつありますか?）の質問に Second period. や Wednesday. のように語句で答えられれば十分です。

▼ 導入のポイント
教科の名前はゆっくりと浸透させる

教科の名前を示す際は、「先生の後について5回言いましょう」のように、意図的に児童に何度も言わせるような指導は避けましょう。先生が何度か発音して児童が聞いた後で教科書を見せれば、何人かの児童が英語で教科名を言います。それを聞いていた他の児童がそれをまねるような指導方法が効果的です。

小学校は集団での学びですから、一人の児童が理解したことを、他の児童が徐々に学ぶということが大切です。先生が無理に全員に理解させようとすると、飽きてしまったり、強制的に言わされることを嫌がったりする児童が出てしまいます。

▼ 高学年向けの活動のポイント
自分で一週間の時間割を作る

このテーマのポイントは、教科・曜日名、1時間目から6時間目の言い方に慣れることですから、この3点がうまく組み合わさるような活動をしましょう。「英語で時間割を書こう」（22.pdf）を配って、クラスの時間割を先生の英語の指示で書き入れていく活動が効果的です。教科名の一覧も記載されていますので、それを見ながら児童に教科名を書き写すように指示しましょう。これは「書く」活動ではなく、その前段階の「写す」活動です。「書く」活動への助走として「写す」活動は非常に効果的です。児童は英語が「書けた」と感じて、学習へのモチベーションが高まります。児童が写したものに対して、気になるところがあったとしても、先生は細かくチェックしないようにしましょう。

もし、時間があれば、英語活動は週1時間、体育は週3時間というように、各教科の時間を指定して、児童が理想とする時間割を英語で作って教室に掲示することもできます。友達が作った時間割を見るたびに、英語に触れることができます。

活動1

クラスで人気の教科ベスト3は？

準備するもの　絵カード「教科の名前」(20.pdf)
所要時間　30分

■ 絵カードや教科書で理解を容易に

教科をテーマにした活動では、各教科の英語の名前を知ることが基本です。教科名を紹介する際は、児童に繰り返し言わせるのではなく、絵カードや教科書を使って自然に導入することが大切です。

まず、先生が絵カードや教科書を見せながら、各教科の英語での言い方を紹介します。英語の名前を何度か聞かせると、児童はどの教科のことを言っているのか徐々に理解するでしょう。

児童が教科名をだいたい理解できたら、先生が教科名を英語で順番に言います。児童に好きな教科を三つ選んで手を上げてもらい、クラスの人気教科ベスト3を決めましょう。

《参考》
Japanese(国語)、math(算数)、science(理科)、social studies(社会)、arts and crafts(図画工作)、home economics(家庭科)、music(音楽)、P.E.(体育)、English(英語)

PDF 20

Japanese

■ 絵カードの使い方
①黒板などに掲示するサイズでプリントアウトしておきます。
②絵カードを見せながら教科の英語名を紹介します。

CD 32 Teacher Talk

① I have many textbooks.
② How do you say *kokugo* in English?
③ *Kokugo* is Japanese.
④ I like Japanese best.
⑤ Look at this textbook.
⑥ What subject is this?
⑦ Yes. This is math.
⑧ Now, what subject is this?
⑨ Please say it in English.
⑩ This is arts and crafts.
⑪ Please choose three subjects you like.
⑫ Who likes home economics?
⑬ One, two, three, four, five.
⑭ Five of you like home economics.
⑮ Who likes English?
⑯ Wow, a lot of you like English.

[和訳]
①先生はたくさんの教科書を持っています。②国語は英語で何と言うでしょう？③国語はJapaneseです。④私は国語が一番好きです。⑤この教科書を見てください。⑥何の教科でしょう？⑦そうです、算数です。⑧では、これは何の教科でしょう？⑨英語で言ってください。⑩図画工作です。⑪好きな教科を3つ選んでください。⑫家庭科が好きな人は？⑬1、2、3、4、5。⑭家庭科を好きな人は5人ですね。⑮英語が好きな人？⑯わあ、英語が好きな人はたくさんいますね。

> 活動2

体育は何曜日の何時間目にある？

準備するもの 絵カード「曜日の名前」(21.pdf)、クラスの時間割表
所要時間 20分

■ 時間割表で教科、曜日、序数を復習

　ここでは何曜日の何時間目に何の教科があるかという表現に親しむことが目標です。時間割を表す時、1時間目はthe first period、2時間目はthe second periodのように言います。

　すでに序数については「英語で1〜3塁は何て言う？」(p.53)の活動で、the first floorやthe sixth floorのように触れていますので、教科の時間を表す時は、floorの代わりにperiodを付けることを説明するといいでしょう。曜日の言い方も、絵カード(21.pdf)で一通り紹介しておきます。

　曜日や教科の時間の表し方を理解したら、クラスの時間割表を使って、何曜日の何時間目にどの教科があるかを尋ねましょう。教科名や曜日、○時間目という表現に繰り返し親しむ活動に展開できます。

■ 絵カードの使い方

絵カードはB5サイズやA4サイズなど、児童によく見える大きさでプリントアウトしておきましょう。

PDF 21

Sunday

CD 33　Teacher Talk

① Look at this timetable.
② What subject is in the second period on Monday?
③ Yes, music is in the second period on Monday.
④ Next, what subject is in the fourth period on Thursday?
⑤ Moral education? No. Moral education is in the third period on Thursday.
⑥ What subject is in the fourth period on Thursday?
⑦ Yes, P.E. is in the fourth period on Thursday.
⑧ What subject is in the sixth period on Friday?

[和訳]
①この時間割表を見てください。②月曜日の2時間目の教科は何ですか？③そうです、月曜日の2時間目は音楽です。④次に、木曜日の4時間目の教科は何ですか？⑤道徳ですか？違います。道徳は木曜日の3時間目です。⑥木曜日の4時間目の教科は何ですか？⑦そうです、木曜日の4時間目は体育です。⑧金曜日の6時間目の教科は何ですか？

活動3

英語で時間割を書こう

準備するもの 絵カード「教科の名前」(20.pdf)、「曜日の名前」(21.pdf)、ワークシート「英語で時間割を書こう」(22.pdf)
所要時間 40分

■ 書き写す活動で児童に満足感を

英語で時間割を書く活動を行います。まず、教科や曜日のカードを見せて、それぞれの言い方を確認します。曜日は、Monday, Tuesday, Wednesday…と順序通りに言えるだけではなく、ばらばらに言われても、分かるようになることを目指しましょう。「英語で1塁〜3塁は何て言う？」(p.53)の活動や「体育は何曜日の何時間目にある？」(p.58)で取り上げた序数の言い方も復習しておきます。

次に、ワークシート(22.pdf)を一人1枚ずつ配ります。絵カード「教科の名前」(20.pdf)を黒板に全て貼り、先生が何曜日の何時間目にどの教科があるかを英語で言って、児童は教科名を書き写します。書き写す作業は、英語を「書く」ことではなく、あくまで「書き写す」こととして考えてください。すべての空欄を教科名で埋めたら、何曜日の何時間目に何の教科があるか、また何の教科が何曜日の何時間目にあるかを尋ねます。

■ ワークシートの使い方

① 児童数分コピーをして、1枚ずつ配ります。
② 先生の指示に従って、それぞれのマスに教科名を書き写します。

CD 34 Teacher Talk

① What subject is this?
② Yes. This is math.
③ Can you say the names of the seven days from Sunday to Saturday?
④ Good. Please take out your pencil.
⑤ Look at the handout.
⑥ I'll give you some instructions.
⑦ Listen to me carefully.
⑧ Put the names of the subjects in each space.
⑨ OK? In the first period on Monday, you have a math class.
⑩ Please put "math" in the space.
⑪ What subject do you have in the fourth period on Tuesday?
⑫ Yes. You have an English class.
⑬ How many music classes do you have a week?
⑭ Yes, you have two music classes.

[和訳]
①これは何の教科ですか？ ②これは算数です。③日曜日から土曜日までの7日間を英語で言えますか？ ④よくできました。えんぴつを持ってください。⑤プリントを見てください。⑥指示を出します。⑦よく聞いてください。⑧マスに教科の名前を書いてください。⑨いいですか？　月曜日の1時間目、算数があります。⑩「算数」と書いてください。⑪火曜日の4時間目は何がありますか？ ⑫そうです、英語ですね。⑬音楽は週に何回ありますか？ ⑭はい、2回ありますね。

スポーツ

好きなスポーツを言い合うだけでなく、スポーツについての知識を深めながら、興味を持って英語表現に触れることができる、体験的な活動をしましょう。

このテーマの目標 ☞
- いろいろなスポーツについて多くの情報を得て、スポーツへの関心を高める。
- スポーツの英語名を確認して、スポーツの得点や記録などの言い方に慣れる。

⬇ このテーマのポイント
スポーツを題材にルールや記録を扱う

「スポーツ」というテーマで英語活動をする場合、What sport do you like?（何のスポーツが好きですか？）と尋ねて終わってしまう活動が目立ちますが、これだけでは高学年児童向けとは言えないでしょう。スポーツはあくまで題材であって、スポーツという題材だからこそできる活動がたくさんあります。例えば、スピードや距離、得点方法や競技者の人数などを題材とすればたくさんの活動を行えますし、自分たちの徒競争の記録や、体力テストの結果なども活用できます。また、児童が知らないスポーツを、先生が写真やビデオを利用して、そのルールなどを紹介すると、盛り上がる活動になるでしょう。

⬇ 導入のポイント
道具などを紹介しながらスポーツ名につなげる

単純に、野球は baseball、サッカーは soccer、というように名前だけを紹介するのではなく、野球のボールとテニスのボールはどちらが大きいか、あるいは、ゴルフのボールと卓球のボールはどちらが大きいかなどのような質問からスタートします。その中で、baseball や tennis、table tennis などのスポーツ名が何度も出て来るような活動の入口が必要です。競技者数やルールをヒントにして、そのスポーツが何かを当てるクイズなども導入にふさわしいでしょう。導入では、たくさんのスポーツ名が登場するように配慮することも大切です。

⬇ 高学年向けの活動のポイント
世界の超人の記録を実感する活動に広げる

スポーツ界にはたくさんの超人と呼ばれる人たちがいます。その人たちの記録や体の大きさなどを実感できるような活動をすると、児童のスポーツへの興味が一気に高まります。

例えば、走り幅跳びの世界記録がどれくらいの距離なのかを紹介して、その長さを実際に測る活動をすることができます。また、マラソンの優勝者の記録をもとにして、時速何kmで走っているかを計算し、そのペースで自分たちが100m走るには、何秒で走らなければならないかを算出する活動もできます。算数の学習が、英語活動の中で生きることになります。

また、世界には珍しいスポーツがたくさんあります。その中の一つについて先生がルールを英語で紹介して、児童がルールを理解した後に、体育の時間にやってみると、英語と体育の時間のつながりを児童は感じるでしょう。

活動1

キックベースをしよう

準備するもの ボールなど
所要時間 40分

■ スポーツをしながら表現に親しむ

子どもたちが行う球技にキックベースがあります。このキックベースを、英語を言いながらやってみましょう。ルールは通常のキックベースと同じですが、自分のチームメイトがする動作を、チームのメンバー全員で大きな声で言うようにしましょう。

例えば、キッカーがボールを蹴る前に、キッカーのチームメイト全員でKick the ball.(ボールを蹴ってください)と言います。キッカーが蹴ったボールを他のチームのメンバーが取るときは、そのチームのメンバー全員で、Catch the ball.(ボールを取ってください)と言います。声が小さかった場合は、本来アウトのものをセーフにするなど、相手チームに有利な判定をすることをルールに加えておくと英語を口に出す機会が増えるでしょう。

また、それぞれのスポーツにはそのスポーツに特有の体の動きがあります。バスケットボールであれば、He dribbles the ball.(ドリブルをしています)や、He jumps and shoots at the hoop.(ジャンプしてシュートをします)などの表現に触れることができますし、ラジオ体操であれば、Breathe deep, slowly.(深呼吸してください)、Bend your knees.(ひざを曲げてください)など、たくさんの動作を表す英語に触れることができます。

動作を示す英語表現を使って、それが何のスポーツをしているところか考えるクイズをしてもいいでしょう。

CD 35 Teacher Talk

① Roll the ball.
② Step forward and kick the ball.
③ Run to first base.
④ Touch the base.
⑤ Run around the base.
⑥ Chase the ball.
⑦ Catch the ball.
⑧ Pass the ball.
⑨ Hit the ball to the runner.
⑩ He's out!

[和訳]
①ボールを転がしてください。②一歩前に出てボールを蹴ってください。③一塁へ走ってください。④ベースにタッチしてください。⑤ベースを回ってください。⑥ボールを追ってください。⑦ボールを取ってください。⑧ボールをパスしてください。⑨ボールをランナーに当ててください。⑩彼はアウトです。

活動2

自分の記録を測ってみよう

準備するもの 結果を記入する記録用紙
所要時間 20分

■ 数字や単位の言い方に触れる

小学校では、毎年体力テストを行います。この体力テストでの記録を英語活動で取り上げましょう。

体力テストは50m走や立ち幅跳び、ソフトボール投げなどいろいろな種類があります。

児童に1枚ずつ記入用紙を配って、各種目の記録を記入させます。先生はそれぞれの記録について児童に尋ねましょう。

体力テストでは行わない種目を子どもたちに考えさせ、実際に校庭や体育館などで行い、記録を測るのも、活動を活発にするために効果的です。結果を記録用紙に記入させ、自分の記録を発表させてもいいでしょう。

また、測定した結果を動物と比べてもいいでしょう。地上で一番速く走れる動物は何か、一番高く跳べる動物は何かなどを紹介すると、たくさんの英語表現に触れることができます。

《種目の英語名の例》
・grip strength（握力）
・50-meter race（50m走）
・standing broad jump（立ち幅跳び）
・softball throwing（ソフトボール投げ）
・forward bending（前屈）
・sit-ups（上体起こし）
・repetition side steps（反復横跳び）

※50m走は、50-meter sprint (dash) と言うこともできます。

"You're a good runner."

CD 36 Teacher Talk

① Let's see how high we can jump.
② You jumped 45 centimeters high.
③ Let's go to the playground.
④ How fast can you run?
⑤ Try running 50 meters.
⑥ Kyoko, how fast did you run?
⑦ You ran it in 8.0 seconds.
⑧ You're a good runner.
⑨ Ryo, how far can you jump?
⑩ You jumped 165 centimeters.

[和訳]
①どのくらい高く跳べるか見てみましょう。②あなたは45cmの高さまで跳べました。③校庭に行きましょう。④どのくらい速く走れますか？⑤50m走をしましょう。⑥キョウコ、どのくらい速く走れましたか？⑦8.0秒ですね。⑧速いですね。⑨リョウ、どのくらい遠くまで跳べましたか？⑩165cm跳べましたね。

活動3

世界記録と比べてみよう

準備するもの スポーツ選手の写真や記録など
所要時間 30分

■ 世界記録を体感させる

オリンピックなど世界レベルで行われるスポーツの競技大会では、いろいろな世界新記録が誕生しています。それらを使った活動を展開してみましょう。

事前に活動で扱う競技の記録を調べておきます。世界記録、日本記録だけでなく、児童の学年平均記録なども用意しておくと、世界記録と比較しやすいでしょう。また、世界記録保持者や、オリンピックの金メダリストの写真も用意しておくと、子どもたちの興味が一気に増します。

教室やグラウンドで、走り幅跳びの世界記録の長さや走り高跳びの高さ、ソフトボールではなく7kgもある砲丸を何m跳ばせたかなど、記録を測り、実際に体感できるような工夫をすると、世界記録がいかに驚異的なものかが理解できます。

動きを表す言葉と一緒に競技の言い方などにも触れておくと、テレビなどで観戦する際に、いつもとは違った観戦の楽しみが生まれるはずです。

《競技の英語名の例》
- 100-meter race（100m走）
- hurdle race（ハードル走）
- long jump（走り幅跳び）
- high jump（走り高跳び）
- pole vault（棒高跳び）
- the shot put（砲丸投げ）

※100m走は、100-meter sprint (dash) と言うこともできます。

CD 37 Teacher Talk

① How fast can a person run?
② What does this number mean?
③ Yes, this is the world record.
④ What world record is this?
⑤ This is the world record for the 100-meter race.
⑥ How far can a person jump?
⑦ Look at this picture.
⑧ Do you know who he is?
⑨ He won the gold medal at the Olympics.
⑩ Let's check the world record for the long jump with this measuring tape.
⑪ Yuji, please hold this end.
⑫ Wow! Look how far he can jump!

[和訳]
①人はどのくらい速く走れますか？ ②この数字は何を意味していますか？ ③そうです、これは世界記録です。 ④これは何の世界記録ですか？ ⑤これは100m走の世界記録です。 ⑥人はどのくらい遠くまで跳べますか？ ⑦この写真を見てください。 ⑧彼が誰か分かりますか？ ⑨彼はオリンピックで金メダルを取りました。 ⑩走り幅跳びの世界記録をこのメジャーで測ってみましょう。 ⑪ユウジ、こちら側を持ってください。 ⑫わあ！ 彼はこんなに遠くまで跳べるのですね。

料理

高学年になると家庭科などでも調理実習を経験するため、料理についての関心が高まります。英語の指示を聞いて調理をする体験的な活動につなげましょう。

このテーマの目標 ☞
- □ 料理の作り方への関心を高める。
- □ 料理の道具の名前と量を表す言い方に慣れる。

▼ このテーマのポイント
集中して指示を聞き取る場面を作る

料理のレシピには、何をどのようにするか、何をどのくらい入れるかなどが、すべて指示文で書かれています。Stand up.（立ってください）、Sit down.（座ってください）、Look at me.（先生を見てください）など、教室でよく使われる表現も、全て指示をする表現と同じ形です。

料理を題材にした活動では、先生が指示した通りに、児童が実際に行動できるかが大切なポイントになります。料理の作り方を伝えることで、児童は一生懸命聞こうとします。

先生が指示をする場合は、最初は児童が聞き取れなくてもよいという気持ちで、なるべく早口で指示します。聞き取れなければ、さらに聞き取ろうとする意欲が高まり、もう一度言ってほしいという要求が出て来るので、徐々にゆっくり丁寧に指示するようにしましょう。そうすることで児童は、聞こうとする姿勢が身に付き、聞き取れたという実感を得られます。

▼ 導入のポイント
道具の用途を考えるクイズへ広げる

料理の道具はたくさんあり、児童にとって身近なものばかりです。道具の名前を確認することからスタートすると、無理なく導入することができます。最初のうちは日本語の名前や使い方も知っているものから始め、次第に形を見ただけでは何をする道具かよく分からないものへと進めていきます。例えば、金属やプラスチックの板で直径2〜4cmぐらいの穴があいているパスタの計量道具（約2cmの穴に入れたパスタが1人前の約100gになる）などを見せて、それが何をする道具か、そしてどのように使うかを考えるクイズを出すと児童が興味を持ちます。

▼ 高学年向けの活動のポイント
家庭科の時間に英語で料理活動をする

5年生からは家庭科の学習も始まります。家庭科の学習とリンクさせて、英語の指示で料理を作る活動をしましょう。おすすめの活動の条件は、いくつかの道具を使用すること、段階を踏んで料理の工程が進むこと、児童の料理の技術レベルに適していて、しかも危険を伴わない活動であることです。ポップコーン作りや、パンケーキ作りなどはその典型的なものです。カレーは家でも作ることがありますので、包丁の使い方などを注意させれば可能な活動でしょう。

調理以外にも、料理をテーマにした活動としては、給食や前日に食べたもののカロリーを計算する活動なども、考えられます。食べたり飲んだりしたものの重さをチェックする活動だけでも興味深い活動になります。

活動1

この道具は何に使う？

準備するもの 料理道具の実物または写真など
所要時間 20分

■ 児童に身近な道具から紹介

料理で使う道具を見せてその名前を確認しましょう。写真や絵でもいいですが、実物の方が児童も理解しやすいでしょう。

道具は、まな板やおたま、鍋など、一般的なものから何のための道具か見ただけではよく分からないものまで集めて見せると、児童も興味がわいて考えるようになります。「カレーライスを作ろう」(p.66)、「パンケーキを作ろう」(p.67)のように、英語活動の中で調理の活動を行う場合は、その時に使う道具は必ず入れておきましょう。

活動では、先生が道具を見せながら、名前を言うことから始めます。一通り道具の名前を紹介したら道具だけを見せて児童が英語で反応するかどうかを確認する活動へとつなげます。次に、先生が「キュウリを切りたい」、「スープを出したい」などの場面を英語で言って、そのために必要な道具は何かを答えさせるクイズもできます。

《料理で使う道具の例》

kitchen knife(包丁)、cutting board(まな板)、ladle(おたま)、spatula(へら)、peeler(ピーラー)、whisk(泡立て器)、kettle(やかん)、pan(鍋)、pot(深鍋)、frying pan(フライパン)、griddle(ホットプレート)、rice cooker(炊飯器)、bowl(ボウル)、plate/dish(皿)

It's called a kettle.

CD 38 Teacher Talk

① I have many kinds of kitchen utensils.
② What's this?
③ This is a kitchen knife.
④ This is a cutting board.
⑤ What's this?
⑥ Yes. This is a *yakan*.
⑦ What do you call this in English?
⑧ Anybody? Good!
⑨ It's called a kettle.
⑩ This is a pot (cutting board / ladle).
⑪ Now, it's quiz time.
⑫ I want to cut a cucumber.
⑬ What do I need?
⑭ Yes, I need a cutting board and a kitchen knife.
⑮ I want to serve soup.
⑯ What do I need?
⑰ Sure! I need a ladle and a bowl.

[和訳]
①たくさんの料理道具があります。②これは何ですか？ ③これは包丁です。④これはまな板です。⑤これは何ですか？ ⑥そうです、やかんですね。⑦英語では何と言いますか？ ⑧誰か分かりますか？ よくできました。⑨kettleといいます。⑩これは鍋(まな板／おたま)です。⑪それではクイズです。⑫キュウリを切りたいです。⑬何が必要ですか？⑭そうです、包丁とまな板ですね。⑮スープを出したいです。⑯何が必要ですか？ ⑰その通り！ おたまとボウルが必要です。

活動2

カレーライスを作ろう

準備するもの 調理器具、カレーライスの材料（下記参照）
所要時間 80分

■ 子どもの人気定番メニューを英語で

子どもたちが好きな料理の定番といえば、やはりカレーライスでしょう。キャンプなどでは必ずといっていいほどカレーライスが登場しますし、常に好きな給食メニューの上位に入っています。

英語活動で料理というと難しく感じるかもしれませんが、カレーライスには複雑な調理が不要で、材料を切って炒めて煮込めばできますので、十分取り入れることができます。

活動では、先生が必要な調理器具や材料を説明し、児童に選ばせるところから始めましょう。その後、調理の手順を英語で指示します。材料の切り方によって表現が異なることや、料理に使われる表現を知るいい機会になります。

カレーにはいろいろな種類があり、香辛料を混ぜ合わせるタイプのものが本格的と言われていますが、ここでは子どもたちが好きなルーを使った一般的な作り方を紹介します。

- 調理器具：深鍋、包丁、まな板、ピーラー、木べら、おたま
- 材料（6人分）：タマネギ2個、ジャガイモ2個、ニンジン1本、肉300g、カレールー6人分、ご飯6人分、漬物（適量）、油（適量）

＊調理の際は、刃物や火の取り扱いには十分注意し、子どもの食べ物のアレルギーの有無についても事前に確認をしておきましょう。

"Fry the meat and onions."

CD 39 Teacher Talk

① Peel the potatoes and carrots, and dice them.
② Slice the onions and chop the meat into bite-size chunks.
③ Put oil in the pot, and heat it on the stove.
④ Fry the meat and onions.
⑤ Add the diced potatoes and carrots, and fry them.
⑥ Put some water in the pot.
⑦ Cook for 15 minutes.
⑧ Add the curry paste, and stir slowly.
⑨ Cook for 10 minutes.
⑩ Serve with pickles.

[和訳]
①ジャガイモとニンジンの皮をむいてさいの目に切ってください。②タマネギを薄切りにして、肉を一口大に切ってください。③鍋に油を入れて熱してください。④肉とタマネギを炒めてください。⑤切ったジャガイモとニンジンを加えてさらに炒めてください。⑥鍋に水を加えてください。⑦15分煮込んでください。⑧カレールーを加えゆっくり混ぜてください。⑨10分煮込んでください。⑩漬物を添えて出してください。

活動3

パンケーキを作ろう

準備するもの 調理器具、パンケーキの材料（下記参照）
所要時間 80分

■ パンケーキ作りは高学年にぴったり

パンケーキ作りは、適度な種類の道具と、量を示す英語を使える上、一つ一つの指示をしっかり聞かなければならないため、まさしく高学年にふさわしい活動と言えます。子どもたちが作り方を知っている料理だと、先生の指示を聞かずに料理だけに夢中になってしまいますが、パンケーキ作りにこの心配はないでしょう。

日本では、「ホットケーキ」ということが多いですが、英語では pancake が一般的です。pan は frying pan（フライパン）の pan のことで、frying pan で作るため、pancake と言うようです。

出来上がったパンケーキにはメープルシロップをかけて食べましょう。メープルシロップはサトウカエデと呼ばれる木から取れる樹液を煮詰めて作られるもので、2～4月頃に採取されます。メープルシロップの生産工程も話題にして、発展的な内容を取り入れてもいいでしょう。

● 調理器具：ボウル、泡立て器、フライパン、フライ返し
● 材料（4、5枚分）：小麦粉1カップ半、卵1個、砂糖大さじ2、ベーキングパウダー小さじ3、塩小さじ半分、油（適量）、メープルシロップ（適量）、ベリー（適量）

＊調理の際は、火の取り扱いには十分注意し、子どもの食べ物のアレルギーの有無についても事前に確認をしておきましょう。

料理

Part 2

CD 40 Teacher Talk

① Put one and a half cups of flour into the bowl.
② Add baking powder, sugar and salt.
③ Mix them in the bowl.
④ Beat an egg and add it to the bowl.
⑤ Add milk and oil to the bowl.
⑥ Stir the contents of the bowl slowly.
⑦ Heat the frying pan (griddle) and pour some pancake batter into it.
⑧ Turn the pancakes over when you see bubbles forming.
⑨ Wait for one or two minutes.
⑩ Put the pancakes on a plate.
⑪ Serve with maple syrup and berries.
⑫ What's maple syrup?
⑬ It's brown and very sweet.
⑭ Maple syrup comes from sugar maple trees.

[和訳]
①ボウルに1カップ半の小麦粉を入れます。②ベーキングパウダー、砂糖、塩を加えます。③ボウルの中でそれらを混ぜます。④卵をかき混ぜてボウルの中に入れます。⑤ボウルの中に牛乳と、油を入れます。⑥ボウルの中身をゆっくり混ぜます。⑦フライパン（ホットプレート）を温め、パンケーキの生地を入れます。⑧表面に泡が見えたらひっくり返します。⑨1、2分待ちます。⑩パンケーキを皿にのせます。⑪メープルシロップとベリー類を一緒に出します。⑫メープルシロップとは何ですか？⑬茶色でとても甘いです。⑭メープルシロップはサトウカエデから作られます。

活動4

どの国の料理が好き？

準備するもの ワークシート「どの国の料理が好きかな」(23.pdf)、絵カード「国旗」(03.pdf)、地図帳
所要時間 40分

■ 料理、国、色の名前の要素を含んだ活動

日本では世界各国のいろいろな料理を手軽に食べることができますが、これらの料理がもともとどの国の料理なのかを考える活動をしましょう。

まず、日本、韓国、中国、インド、フランス、イタリアの国旗の絵カード(03.pdf)を用意して、児童に見せます。そして、その国旗がどこの国のものか確認します。次にワークシート(23.pdf)にあるこれらの国の料理の写真を見せて、その料理がどこの国の料理かを当てるクイズをします。この場合、日本の国名はJapanですが、料理の名前をいうときはJapanese food(日本食)となるように、Korea → Korean、China → Chinese、などと変わることを説明します。その上で、どれがどの国の料理かを確認していきます。また、それぞれの国がどこにあるのか、地図帳で確認させる活動もできます。

「色」をテーマにした活動(p.16〜)で扱った色の種類や国旗について、さまざまな角度から触れることができる活動です。

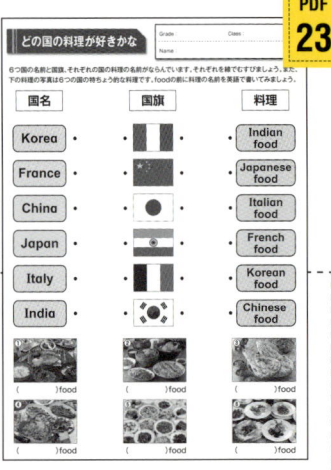

■ ワークシートの使い方

① 児童数分コピーをして、1枚ずつ配ります。
② 料理の写真について、どこの国の料理かを考えさせます。
③ 国名と国旗、国旗と料理名を線で結ばせます。

CD 41 Teacher Talk

① Look at these national flags.
② Which is the national flag of France?
③ How many colors are there in the national flag of France?
④ Yes, there are three colors in it.
⑤ They are red, white and blue.
⑥ This is the national flag of France.
⑦ Look at these pictures.
⑧ They look so delicious!
⑨ Which one is French food?
⑩ Please point to the French food.
⑪ Which do you like better, French food or Japanese food?
⑫ I like Japanese food better.
⑬ Which one is Chinese food?
⑭ Do you like Indian food?
⑮ Indian food is very hot.

[和訳]
①これらの国旗を見てください。②フランスの国旗はどれですか？ ③フランスの国旗には何色がありますか？ ④そうです、フランスの国旗には3つの色があります。⑤赤、白、青です。⑥これがフランスの国旗です。⑦これらの写真を見てください。⑧とてもおいしそうですね。⑨フランス料理はどれですか？ ⑩フランス料理を指してください。⑪フランス料理と日本料理はどちらが好きですか？ ⑫私は日本料理が好きです。⑬中華料理はどれですか？ ⑭インド料理は好きですか？ ⑮インド料理はとても辛いですよ。

Column 6 小泉清裕 × 英語活動への思い

Q 児童に期待できることは何ですか

A 「英語は楽しい」「英語をもっと学びたい」という気持ちを持たせられることです

「分かった！」という体験をたくさんさせる

小学校で英語活動を行うと、それだけで小学生が英語をすぐに話せるようになるような錯覚を持ちます。しかし、週1回45分の英語活動があっても、すぐに英語が話せるようになることはありません。ですが、この週1回45分の活動でも目標を限定して活動をすると大きな効果が期待できることもあります。

小学生が一番得意としていて、効果的なことが「聞いて理解すること」です。大人になると、聞いている内容のほとんどが理解できないと不安になりますが、子どもたちは、なんとなく分かったことで十分に「分かった！」と感じる素晴らしい能力を持っています。

このような「分かった！」という経験を積み重ねると、子どもたちは「英語は聞いていれば、何となく分かる」という意識を持ちます。それが、英語学習の第一歩となり、この達成感がいずれ本格的に行われる英語学習のスタートになります。「聞いていれば分かる」が「英語は楽しい」になり、「もっと英語を学びたい」につながっていきます。

イチロー選手や松井選手もきっと、「野球が楽しい」という経験を子ども時代にしたから、その後の厳しいトレーニングにも耐えて、野球界のスーパーヒーローになったに違いありません。全ての人がスーパーヒーローやヒロインになれるわけではありませんが、最初の一歩は「楽しい」という気持ちから始まります。「もっと英語を学びたい」を感じさせるような英語活動の第一歩は「分かった！」の経験を積み重ねることです。

児童が外来語として知っている英語を活用する

「小学生は英語を知らない」という考えをまず捨てましょう。日本で生まれ、日本で10年以上生活してきた児童も、外来語として、ことのほか英語を、あるいは英語のようなものを知っています。ある調査では、小学校の高学年児童は約1000語の英語を知っているという結果がありました。

外来語を使わないで、一日を過ごすことが困難なほど、日常的に多くの外来語が私たちの周りにはあります。児童も同じようにこの外来語に触れながら育っています。古い外来語はオランダ語やポルトガル語などが多いと言われていますが、最近の外来語は圧倒的に英語が多いでしょう。

児童が知っているこうした英語をうまく活用すると、英語で話されてもその内容をなんとなく理解できる活動ができます。日本語として使われている語句とは多少の発音の違いがありますので、その部分はなるべく強調して聞かせると児童も英語としての発音を意識するようになります。

植物

野菜や果物など毎日食べているものに焦点を当てた活動です。植物のいろいろな部分を食べていることを他教科の復習を交えて紹介しましょう。

このテーマの目標 ☞
- □ 植物の成り立ちと、植物のどの部分を食べているかについて興味を持つ。
- □ 植物のそれぞれの部分についての名称に触れる。

▼ このテーマのポイント
生活科や理科とコラボレーションさせる

植物については、1、2年生の生活科での学習や、3年生以上の理科の学習で、児童はたくさんのことを学んでいます。生活科での体験や、理科での学習を有効に活用して、英語での活動に変化させていくことが、このテーマのポイントです。

特に、私たちが毎日食べている野菜や果物などを取り上げると興味を持ちます。野菜や果物は日常的に目にしていますが、それらの花がどのような色をして、どのような形をしているかなどは、児童だけでなく、私たち教師も意外に知らないものです。児童と一緒に野菜や果物について詳しく知る機会にして、生活科や理科の復習にもなるように工夫しましょう。

▼ 導入のポイント
人間や動物の体の部分から植物の部分へ

植物の部分の名前を紹介する際は、人間や動物の体の部分を確認することから始めます。"Head, Shoulders, Knees and Toes" の歌を歌うところから始めましょう。高学年の児童の中にはすでにこの歌を歌うことに抵抗を感じる児童もいますので、あまり真剣に歌わせることは避け、体の各部分を確認する程度に歌うといいでしょう。

人間の体の部分の名前が確認できたら、続いて、植物の部分の名前を確認しましょう。絵カード「植物の部分」(25.pdf) を見せながら、先生がそれぞれの部分の名称を、root, stem, leaf, flower, fruit, seed のように言っていきます。児童は先生の声につられてそれぞれの名称を口にするはずです。

▼ 高学年向けの活動のポイント
植物のどの部分を食べているかを考える

私たちは毎日、野菜や果物を食べています。しかし、食べている部分が植物の全体のどの部分なのかを考えることはあまりありません。

例えば、lotus と英語では呼ばれているレンコンはどの部分なのでしょうか。「蓮根」と書くくらいですから、根の部分を食べているように思いますが、実際には茎の部分にあたります。

このように、植物のどの部分を私たちは食べているかを考えることが、高学年にとってふさわしい活動です。

活動1

これは何の花？

準備するもの ワークシート「どの野菜の花かな」(24.pdf)
所要時間 30分

■ 野菜だけでなく花にも目を向ける

野菜は食生活に欠かせませんが、あまり野菜の花を意識することはなく、見ることも少なくなっています。野菜はいろいろな花を咲かせますので、これを英語活動のテーマとして取り入れましょう。

日常的に食べている野菜とその花をマッチさせる活動をしましょう。ワークシート(24.pdf)を活用すれば、活動として十分展開することができますが、児童の生活に合わせて、ワークシートに掲載している以外の野菜と花を組み合わせる活動を取り入れてもいいでしょう。この場合は、野菜や果物の英語の名前が言いやすいものを選ぶと活動がしやすくなります。

この活動では英語で野菜の名前を確認することが主な目的ですが、理科や生活科で学習した内容が生きる活動です。

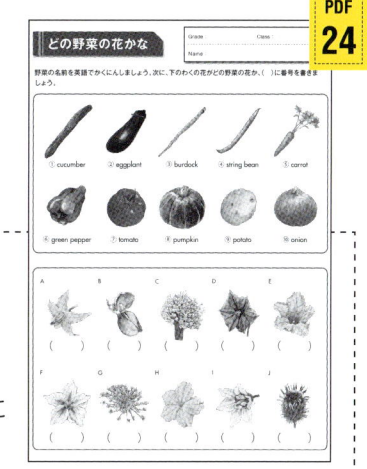

■ ワークシートの使い方

① 児童数分コピーをして、1枚ずつ配ります。
② ①～⑩の野菜の名前を英語で確認します。
③ A～Jの花がそれぞれどの野菜の花かを尋ね、答えの番号を空欄に記入させます。

Teacher Talk (CD 42)

① Look at these pictures.
② These are vegetables.
③ What is number 1?
④ Yes, number 1 is a cucumber.
⑤ What is number 7?
⑥ It's a tomato.
⑦ Do you like tomatoes?
⑧ I like tomatoes very much.
⑨ Look at these pictures.
⑩ These are the flowers of vegetables.
⑪ Look at flower A.
⑫ This is a yellow flower.
⑬ But the fruit of this flower is red.
⑭ What flower is this?
⑮ Very good! This is a tomato flower.
⑯ Please put the numbers of the vegetables in the blanks.

[和訳]
①これらの絵を見てください。②野菜ですね。③1は何ですか？④そうです、キュウリですね。⑤7は何ですか？⑥トマトです。⑦トマトは好きですか？⑧先生は大好きです。⑨これらの絵を見てください。⑩これらは野菜の花です。⑪Aの花を見てください。⑫これは黄色の花です。⑬でもこの花の実は赤です。⑭この花は何ですか？⑮その通りです！これはトマトの花です。⑯空欄に野菜の番号を書いてください。

活動2

植物はいくつに分かれている？

準備するもの 絵カード「植物の部分」(25.pdf)
所要時間 30分

■ 人間の体と比べながら確認

私たちが普段食べている野菜や果物は、その植物のどの部分なのでしょうか。身近な野菜や果物の例を挙げて、私たちが植物のどの部分を食べているか考える活動をしましょう。植物は部分によって、root（根）、stem（茎）、leaf（葉）、flower（花）、fruit（実）、seed（種）の6種類に分類できます。

人間や動物の体の部分と植物の部分を黒板に描いて、それぞれの部分を比べながら確認しましょう。人間や動物の体の部分は、"Head, Shoulders, Knees and Toes"の歌で確認しましょう。体の部分の名前については耳にしたことがある言葉が多いので、植物の部分の名前の足掛かりになる程度に確認するといいでしょう。

植物の部分の名前にはあまり聞き慣れないものもありますので、丁寧に発音する必要があります。絵カードを用意しておくと先生が何度も発音することができ、児童がその名前を口にする機会が増えます。

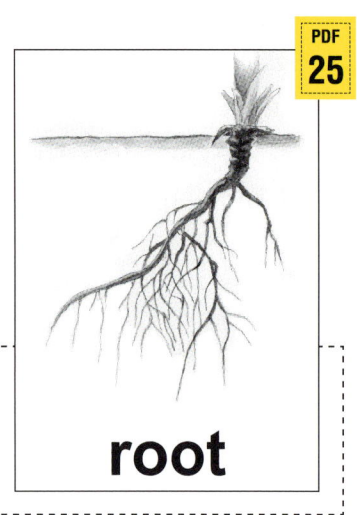

PDF 25

root

■ 絵カードの使い方
B5サイズやA4サイズなど児童によく見える大きさでプリントアウトしておきましょう。

CD 43 **Teacher Talk**

① Look at this picture.
② This is a plant.
③ What do you call this part in English?
④ This part is called the root.
⑤ What do you call this part?
⑥ It's called the stem.
⑦ And this part is called a leaf.
⑧ How about these parts?
⑨ Yes, this is the flower and this is the fruit.
⑩ In the fruit there are some seeds.
⑪ These are the seeds.

[和訳]
①この絵を見てください。②これは植物です。③この部分は英語で何というでしょうか？ ④この部分は根といいます。⑤この部分は何といいますか？ ⑥ここは茎です。⑦そしてこの部分は葉です。⑧これらの部分はどうですか？ ⑨そうです、これが花でこれが実です。⑩実の中に種があります。⑪これらは種です。

活動3

どの部分を食べている？

準備するもの 絵カード「植物の部分」(25.pdf)、
ワークシート「ジャガイモはどの部分かな」(26.pdf)
所要時間 30分

■ 野菜や果物を6つに分類

「植物はいくつに分かれている？」(p.72)で植物の部分について触れたら、植物と部分のワークシート(26.pdf)を使用して、私たちが植物のどの部分を食べているのか考える活動をしましょう。

まず、野菜や果物などの名前を確認するところから始めます。ワークシートに掲載している野菜について一つずつ尋ねます。最初は「①は何かな」「②は何かな」と順番に尋ね、その後はランダムに数字を言って尋ねるといいでしょう。児童は数字をきちんと聞き取らないと答えられないので、数字の復習を兼ねることができます。root(根)、stem(茎)、leaf(葉)、flower(花)、fruit(実)、seed(種)についても絵カード「植物の部分」(25.pdf)を使うなどして復習しましょう。

野菜や果物の名前を確認できたら、それらが植物のどの部分なのか考えます。答え合わせをする場合も、①から順に確認するのではなく、ランダムに番号を言ったり、名前を言ったりしましょう。

PDF 26

■ ワークシートの使い方

① 児童数分コピーをして、1枚ずつ配ります。
② 野菜や果物の名前を確認します。
③ 野菜や果物が植物のどの部分かを尋ね、空欄に記入させます。

CD 44 Teacher Talk

① Look at picture number 1.
② What's this?
③ Yes, it's a potato.
④ What's picture number 2?
⑤ Good! It's a lettuce.
⑥ What's picture number 12?
⑦ An asparagus? No, it's not an asparagus.
⑧ Listen to me carefully.
⑨ What's picture number 12?
⑩ Great! It's a burdock.
⑪ What root can you eat?
⑫ Put the numbers of the plants in the list.
⑬ It's not easy.
⑭ Do your best!
⑮ Let's check your answers.

[和訳]
①1番の絵を見てください。②これは何ですか？ ③そうです、ジャガイモです。④2番の絵は何ですか？ ⑤その通り！ レタスです。⑥12番の絵は何ですか？ ⑦アスパラガスですか？ いえ、アスパラガスではありません。⑧よく聞いてください。⑨12番の絵は何ですか？ ⑩素晴らしい！ ゴボウです。⑪何の根が食べられますか？ ⑫表に植物の番号を書いてください。⑬難しいですよ。⑭頑張ってください！ ⑮答えを確認しましょう。

買い物

高学年になると、自分たちの欲しいものなど実際に買いものをすることに興味が出てきます。現実味のある活動を取り入れ、他教科での既習事項にも触れる機会を作りましょう。

このテーマの目標 ☞
- □ 品物の値段を正しく理解し、物価への関心を高め、円と外国通貨との換算方法を知る。
- □ 数量や金額の言い方に慣れる。

▼ このテーマのポイント
「買い物ごっこ」にならない活動を目指す

「買い物」がテーマの活動では、多くの場合、幼児が行う「おままごと」の延長のような活動が目立ちます。小学校高学年の児童がする活動ですので、現実味のある、買い物の活動にする必要があります。実際に何かを作るために必要な材料を考える活動や、10人程度の軽食パーティーを行う時に必要な材料とその数量を考えるなど、条件をはっきりとさせることが大切です。

また、小学生は自分が普段買っているもの以外の値段をほとんど知りません。日常的に家庭で消費しているものがどれくらいの値段なのかを、この活動を通して児童が知る機会にしましょう。

▼ 導入のポイント
数量の言い方に触れる

実際に、野菜や果物、肉や魚がどのくらいの値段で売られているかを知る機会にしましょう。新聞に折り込まれている、スーパーの広告を持ち寄り、いろいろなものの値段がどのくらいか確かめる活動から始めましょう。ニンジン1本がどのくらいの値段か、豚肉100gと、鶏肉100gではどちらが高いかなど、さまざまなものの値段を知ることで、物価への興味を持ちます。

また、ものの値段がある程度理解できたら、実際に買い物をするリストを作る活動へと進めましょう。一定の金額を指定して、料理をしたり、軽食パーティーを開いたりする時の買い物リストを作ります。一つ、二つと数えられるものから、グラムやキログラムなどで量るものもあります。必要なものとその数量を計算し、さらに、規定金額を超えない、賢い消費者になるように促しましょう。

▼ 高学年向けの活動のポイント
社会科で学んだ日本の輸出入を題材にする

高学年の社会では、日本の貿易が話題になりますので、英語活動でも個人の買い物から、国の買い物へと話を広げていくことができます。石油はどの国からどのくらいの量を購入しているか、また、その金額はどのくらいかなどを知ることは、日本の経済の成り立ちを理解するきっかけになります。

この場合、買い物をテーマにしながら、国の名前や大きな数、さらに円と外国通貨との換算などと活動を広げられるので、他教科で学習した内容が英語活動の中で必然的に生きてきます。日本が買っているものだけでなく、日本が世界に売っているものや、その金額を話題にすることもできます。大きな数の復習としても効果的ですし、世界の貿易について英語で再学習する機会になります。

活動1

パーティーを計画しよう

準備するもの ワークシート「買い物リストを作ろう」(27.pdf)
所要時間 30分

■ 必要な物を調べて買い物リストを作成

飲み物やお菓子、サンドイッチなどを用意して、児童主宰のパーティーを計画する活動を行いましょう。「料理」のテーマでは、カレーやパンケーキの調理を活動に取り入れましたが、ここでは児童がどのようなパーティーにしたいかを考え、そのために必要な飲み物や食べ物、お菓子などを調べ、買い物リストを作るところまでを行います。簡単なパーティーでも用意するものはたくさんあります。

ワークシート(27.pdf)はサンドイッチを例にしていますが、空いているスペースに他にも児童が用意したいものを考えさせて記入させてもいいでしょう。参加人数に応じて、必要な材料や分量、それにかかる金額を考えることは、段取りよく準備を進めるためにとても大切です。

こういった活動では、目標を持って自主的に考えたり調べたりする必要があるため、まさに高学年にとってふさわしい内容といえるでしょう。

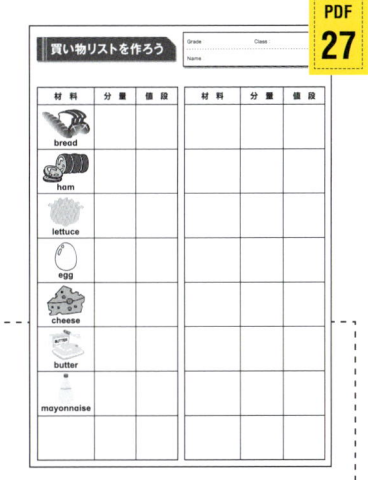

■ ワークシートの使い方

①児童数分コピーをして、1枚ずつ配ります。
②材料の隣の欄に必要な分量を記入させて、リストを完成させます。

Teacher Talk (CD 45)

① Let's have a party.
② There will be about 10 people at the party.
③ What do we need?
④ We need drinks, snacks and sandwiches.
⑤ What do we need to buy?
⑥ Let's make a shopping list.
⑦ We have to buy bread, ham, lettuce and eggs for sandwiches.
⑧ How much ham do we need?
⑨ We should ask a salesclerk about that.
⑩ Don't forget to buy cheese, butter and mayonnaise.

[和訳]
①パーティーをしましょう。②パーティーには約10人が参加します。③何が必要ですか? ④飲み物、お菓子、サンドイッチが必要ですね。⑤何を買う必要がありますか? ⑥買い物リストを作りましょう。⑦サンドイッチを作るために、パン、ハム、レタス、卵が必要です。⑧ハムはどのくらい必要ですか? ⑨それは売り場の人に聞いてみましょう。⑩チーズとバター、マヨネーズも忘れずに買ってください。

活動2

欲しいものリストを作ろう

準備するもの ワークシート「ほしいものリストを作ろう」(28.pdf)、カタログやチラシなど
所要時間 40分

■ 実際に買い物を想定した活動

高学年になると、身に付ける物や趣味に関連したものなど、欲しいものが増えてきて、自分で買い物をする機会も出てきます。そこで欲しいものを実際に買うことを想定してリストを作る活動をしましょう。カタログやチラシなどを持ち寄って、欲しいものを売っている店を探して値段をチェックさせてみましょう。同じ商品でも店によって値段が違うことがあります。少しでも安く買うことが買い物の楽しみとも言えますね。

英語活動では、例えば、「今一番欲しいもの」や「1週間の服装のコーディネート」などとお題を設けてリストを作らせるといいでしょう。カタログやチラシ、インターネットなどを使うと、リアリティーのある活動にすることができます。

ワークシート(28.pdf)に記入した欲しいもののリストは、「外国ではいくらかな?」(p.77)の外国の通貨の単位を調べる際にも使用できます。

■ ワークシートの使い方

① 児童数分コピーをして、1枚ずつ配ります。
② 欲しい物を調べた結果をリストに記入させます。

CD 46 Teacher Talk

① What do you want?
② Do you want to buy a T-shirt and shoes?
③ Do you want anything else?
④ Let's make a shopping list.
⑤ How much is it?
⑥ 4,000 yen? I think that's too expensive.
⑦ Let's check on the Internet.
⑧ Look at this.
⑨ This is much better.
⑩ It's only 2,000 yen.

[和訳]
①何が欲しいですか? ②Tシャツと靴が欲しいのですか? ③他にもありますか? ④買い物リストを作りましょう。⑤それはいくらですか? ⑥4,000円ですか? 高すぎると思います。⑦インターネットで調べてみましょう。⑧これを見てください。⑨これの方がずっといいですよ。⑩これは2000円しかしません。

活動3

外国ではいくらかな？

準備するもの ワークシート「ほしいものリストを作ろう」(28.pdf)、海外のカタログなど
所要時間 40分

■ 物価の違いについて実感する

買い物といえば必ず登場するのがお金です。日本のお金の単位は「円」ですが、世界各国にはいろいろなお金の単位があります。「ほしいものリストを作ろう」(p.76)で集めたカタログやチラシの商品の値段を外国のお金に換算する活動をしましょう。

先生が事前にいくつかの通貨のレートを調べておいて児童に伝えます。「ほしいものリストを作ろう」(p.76)で使用したワークシートに、ウォンやドルの欄があります。児童は換算した金額を記入します。空欄にはドルやウォン以外の通貨の単位を記入すれば、いろいろなお金の単位に触れられます。

このような活動をすると、外国のお金の単位に興味を持つ子どもがたくさん出てきます。海外に旅行をしたことがある子どもは滞在先のお金が、「円」に換算するといくらかということまで覚えていることがありますので、さらに興味を示します。

また、先生が事前に海外のカタログなどを用意しておけば、そこに記載されている値段を「円」に換算する活動もできます。同じ商品でも日本円に換算したときにその商品の価格が高く感じられたり、極端に安く感じられたりして、日本と外国の物の値段の差について考える機会になります。

インターネット上には、世界各国の通貨をその日のレートですぐに換算できるウェブサイトがありますので活用しましょう。

CD 47 Teacher Talk

① How much is it?
② Yes, it's 5,000 yen.
③ How much is that in U.S. dollars?
④ 1 dollar is 100 yen today.
⑤ Please figure it out.
⑥ That's right.
⑦ It's about $50.
⑧ This is a catalogue of Korean digital cameras.
⑨ This one is 200,000 won.
⑩ How much is that in yen?
⑪ 100 yen is 1,000 won today.
⑫ That's cheaper than in Japan.

[和訳]
①これはいくらですか？　②はい、5,000円ですね。③それでは、アメリカドルではいくらになりますか？　④今日は1ドル100円です。⑤計算してください。⑥その通り。⑦50ドルです。⑧これは韓国のデジタルカメラのカタログです。⑨これは200,000ウォンです。⑩日本円だといくらになりますか？　⑪今日は100円が1000ウォンです。⑫日本より安いですね。

活動4

日本が買っているものは？

準備するもの　日本の輸入品目についてのデータ、地図帳など
所要時間　30分

■ 身近にある輸入品を意識する

　買い物といえば、コンビニエンスストアやスーパーマーケット、デパートなどでの身近な買い物から、車や家など大きな買い物もありますが、このような個人の買い物以外に、国の買い物についての活動を考えてみましょう。

　日本はさまざまな物資や資源を世界中のたくさんの国から輸入している輸入大国です。日本がどれくらいの物資を輸入しているかは、インターネットや地図帳で確認できます。調べてみると本当にたくさんのものを輸入していることが分かります。

　例えば、自動車や飛行機の燃料や工場で使う燃料などになる原油は、サウジアラビア、アラブ首長国連邦などの中近東から輸入されています。また、化学製品として使われていることなど、原油は生活に欠かせないものになっていることに触れましょう。さらに、小麦やとうもろこし、大豆などの多くはアメリカをはじめとする国々からの輸入が多くを占めていることから、日本の食料自給率の低さについて触れることもできます。衣類についても中国からの輸入がとても多く、児童が身に付けている服の多くにMade in Chinaと書かれていることに気づく機会となるでしょう。

　日本が輸入しているものが、児童の生活に密接にかかわっていることを示しながら、いろいろなトピックに触れることができる活動です。クラスの状況に合わせて展開しましょう。

CD 48 Teacher Talk

① Look at this.
② It's a shirt.
③ This one is made in China.
④ This one is imported from China.
⑤ It has "Made in China" written on the label.
⑥ We import a lot of things like this shirt from other countries.
⑦ What do we import from other countries?
⑧ We import oil, gas, food, machines, clothing and so on.
⑨ What countries do we import oil from?
⑩ We import oil mainly from Saudi Arabia, the UAE and Qatar.
⑪ Those countries have a lot of oil.

[和訳]
①これを見てください。②シャツです。③これは中国で作られています。④これは中国から輸入しています。⑤ラベルに「中国製」と書かれていますね。⑥このシャツのようにたくさんのものを他の国から輸入しています。⑦他の国からは何を輸入しているでしょう？⑧石油、ガス、食べ物、機械、衣類などを輸入しています。⑨石油はどの国から輸入しているでしょう？⑩石油は、主にサウジアラビア、アラブ首長国連邦、カタールから輸入しています。⑪それらの国々にはたくさんの石油があります。

Column 7　小泉清裕×英語活動への思い

Q どのように英語を話せばいいですか

A 簡単な英語で児童が意味を類推できるように話しましょう

たくさんの簡単な文で話す

先生が何かを児童に英語で説明する際、1〜2文で説明する傾向がありますが、それでは、一つの文に意味が凝縮されて、内容が難しくなってしまいます。そのため児童は内容を類推できません。1文〜2文で説明しようとしないで、シンプルな文をたくさん使って説明をすることで、児童は内容を類推できるようになりますし、先生にとっても、話しやすい英語になります。例えば、kangarooを説明する時、It's a large brown Australian animal with a strong tail and back legs.（力強い尻尾と後ろ足を持ったオーストラリアの大きな茶色の動物です）、のように長い文で説明したのでは、情報量が多すぎて児童は全く意味を理解できません。

そこで、この内容をできるだけ短い文にして説明しましょう。It's an animal.（動物です）、It's brown.（茶色です）、It lives in Australia.（オーストラリアに生息しています）、It has a strong tail.（力強い尻尾があります）、It has strong back legs.（力強い後ろ足があります）。このように紹介すれば、いずれかの文をヒントにしてkangarooだと類推できます。

言葉で何かを伝える時には、相手がその言葉を受け取れるかどうかが重要です。自分が難しい英語を話せるとしても、受け取る側を意識して言葉を選ぶ必要があります。1年生に話す日本語と6年生に話す日本語が違うのと同じことです。簡単な英語で話すことは先生にとっても楽ですし、児童が受け取るのにもふさわしい内容になります。

伝わらない時が上達のチャンス

先生が英語で伝えても、児童がそれを理解できなかった表情をした場合、先生はさらにゆっくり言います。それでも分からない場合、日本語で説明したくなってしまうかもしれませんが、先生の言っていることを児童が理解できなかった時が、児童だけでなく、先生にとっても最も大切な学習の機会になります。

例えば、Where do you live?（どこに住んでいますか？）という質問を、児童が分からなかった場合、意味を類推できる方法を考えましょう。意味を何とか伝えようとする気持ちが言葉を上達させる力になります。この場合、I live in Yokohama.（私は横浜に住んでいます）などの答えの例を示して、再度Where do you live?の質問をすれば、場所の質問をしていると理解できます。何となく意味を理解した児童は、自分が住んでいる場所を一語で、Saitama.と答えるはずです。そのままでもいいですが、inをSaitamaの前に付けて、In Saitama.ともう一度言ってあげれば、児童は自然にIn Saitama.と繰り返します。このような言葉のやりとりが本当の言葉の学習です。

クラスルームイングリッシュ

覚えておくと英語活動で便利に使えるクラスルームイングリッシュをまとめました。イントネーションのつけ方などをCDで確認し、場面に合わせて使ってみましょう。

授業の流れに沿って使えるフレーズ

CD Track 49

Please stand up.
立ってください。

Listen to me carefully.
よく聞いてください。

Who's absent today?
今日のお休みは誰ですか？

Go back to your seat.
席に戻ってください。

Let's start our English class.
英語の授業を始めましょう。

What's this?
これは何ですか？

Today's class is about numbers.
今日の授業は数字についてです。

Are you ready?
準備はいいですか？

Look at the blackboard.
黒板を見てください。

Did you enjoy the class?
授業は楽しかったですか？

いろいろな場面で使えるフレーズ

CD Track 50

Are you finished?
終わりましたか？

I'll give you a hint.
ヒントを出します。

Who wants to try?
やってみたい人はいますか？

Please raise your hand.
手を上げてください。

Please take one copy and pass them on.
1枚ずつ取ってまわしてください。

Take out your colored pencils.
色えんぴつを出してください。

Please make four groups.
4つのグループを作ってください。

How many cards do you have?
カードを何枚持っていますか？

Please make groups of four.
4人のグループを作ってください。

Any volunteers?
手伝ってくれる人はいますか？

Thank you for your help.
手伝ってくれてありがとう。

Part 3

他教科との連動で好奇心が高まるテーマ

テーマ14 乗り物
- どれに乗りたいかな？……………083
- 一番速いのはどれ？………………084
- 東京－大阪間は何時間？…………085
- 行ってみたい場所はどこ？………086

テーマ15 西暦・年齢
- 100を作ろう………………………089
- これはいつ建てられた？…………090
- 先生と学校はどっちが若い？……091

テーマ16 方位・地図
- N、S、E、Wが表しているものは？……093
- 北はどの方角？……………………094
- これは何の記号？…………………095
- 家の方角、距離を調べよう………096

テーマ17 人物紹介
- これは誰だろう？…………………099
- この人の職業は何だろう？………100
- 福沢諭吉ってどんな人？…………101

テーマ18 季節・12カ月
- この花はいつ咲く？………………103
- 神無月は何月？……………………104
- サンタクロースがサーフィン？…105

テーマ19 比較
- クラスで一番人気の食べ物は？…107
- どちらが大きい？　重い？………108
- インチで測ろう……………………109

テーマ20 天気
- この記号はどんな天気？…………111
- 週末の天気を確認しよう…………112
- ワシントンの気温は92度!?………113
- 雨が多いのは何月？………………114

乗り物

いろいろな乗り物を紹介して、実際に乗る場面を想定して旅行計画を立てるなど、リアリティーのある活動をしましょう。

このテーマの目標 ☞
- 人の移動手段の変遷と、乗り物の安全性や進歩について興味を持つ。
- 乗り物の英語名を知り、速度の言い方に慣れる。

このテーマのポイント
人の移動手段と速度の変化に注目させる

人は移動手段を長い歴史の中で進歩させてきました。自分自身の足で歩いたり走ったりすることから、牛車や馬車での移動に始まり、徐々に移動速度を速めてきました。乗り物をテーマとする場合、乗り物の名称はもちろんですが、時速何kmなどの速度の言い方をその中に含むことができます。

導入のポイント
国によって異なる名前の乗り物を紹介

乗り物の名前を確認する活動から始めましょう。簡単な方法としては、乗り物の写真を見せて、英語ではどのような言い方をするか伝えます。救急車（ambulance）やパトカー（police car）、消防車（fire engine）などの特殊車両も含めると高学年らしい活動になります。

同じ乗り物でもアメリカとイギリスで呼び方が異なるものや、特別な呼び方があるものも紹介するといいでしょう。例えば、アメリカでは地下鉄をsubway、エレベーターを elevator、タクシーを cabと言いますが、イギリスではそれぞれ underground、lift、taxi と言います。こういった視点も児童の興味を引きつけます。

また、町の一番交通量が多いところで、先生が数分間通過する乗り物の様子をビデオカメラなどで撮影し、録画内容を児童に見せます。その際 How many taxis did you see?（何台のタクシーを見ましたか？）などの質問をすると、児童はとても真剣に映像をチェックします。いろいろな乗り物と数を表す語句が出てくるため、たくさんの英語に触れさせるいい機会になります。

高学年向けの活動のポイント
前置詞 by を加えた言い方に慣れる

乗り物の名前が確認できたら、前置詞 by をつけて by bus（バスで）、by airplane（飛行機で）など、移動手段を表す言葉で返事ができるような質問をしましょう。児童が Airplane. と答えた場合、先生が By airplane. と言い直してあげれば、何人かの児童はそれに気が付きます。気が付いた児童が By car.（車で）などと言うと、多くの児童もまねをして、by をつけて答えるようになります。

また、実際に何に乗るかを考えながら旅行計画を立てる活動を行うと、非常にリアリティーのある活動になります。インターネットを利用すれば、行きたい場所まで行く方法や料金、所要時間を確認できます。同じ場所でもさまざまな行き方があるため、同じ目的地を選んだとしても、児童それぞれで旅行計画が異なるので、非常に興味深い活動ができます。出来上がった計画をもとにして、先生と児童が英語でやり取りする活動に発展させましょう。

活動1

どれに乗りたいかな？

準備するもの ワークシート「どれに乗りたいかな」(29.pdf)
所要時間 20分

■ 身近ではない乗り物も紹介

いろいろな乗り物の英語の名前を確認するために「乗ったことのある乗り物」「乗ってみたい乗り物」「乗りたくない乗り物」をリストから選ぶ活動をしてみましょう。

乗り物といえば自転車、車、電車、バス、飛行機などが身近なものとして思い浮かびますが、気球や潜水艦、パトカーなども乗り物といえます。住んでいる国や地域によっては動物が欠かせない乗り物というところもあり、実はさまざまな種類の乗り物があることが分かります。

ワークシート(29.pdf)を使って、乗ったことのあるものには○、乗ってみたいものには△、乗りたくないものには×を書き入れる作業をしましょう。子どもたちが書かれている単語を読めない場合は、先生がそれぞれの乗り物の名前を英語で言います。それでも分からない場合は、どんな乗り物かを英語で説明しましょう。英語での説明を聞くいい機会になります。

PDF 29

① helicopter	⑩ linear motor car	⑲ F1 race car
② horse	⑪ hot-air balloon	⑳ bicycle
③ motorcycle	⑫ ship	㉑ yacht
④ unicycle	⑬ baby stroller	㉒ skateboard
⑤ submarine	⑭ UFO	㉓ police car
⑥ taxi	⑮ elephant	㉔ dump truck
⑦ airplane	⑯ Shinkansen	㉕ bus
⑧ camel	⑰ fire engine	㉖ ambulance
⑨ car	⑱ spaceship	㉗ train

■ ワークシートの使い方

① 児童数分コピーをして、1枚ずつ配ります。
② 乗り物の名前とどのような乗り物か確認します。
③ 乗り物の名前の右側の空欄に○△×を記入するように指示します。

CD 51 Teacher Talk

① Have you ever ridden on an elephant?
② I have never ridden on an elephant.
③ But I want to ride on an elephant.
④ Kaito, do you want to ride in a hot-air balloon?
⑤ Look at this list.
⑥ If you've ridden it, put a circle in the space.
⑦ If you want to ride it, put a triangle in the space.
⑧ If you don't want to ride it, put a cross in the space.
⑨ Have you ever ridden in a baby stroller?
⑩ Maybe all of you have ridden in a baby stroller.

[和訳]
①ゾウに乗ったことはありますか？②私はありません。③でも乗ってみたいです。④カイト、気球に乗ってみたいですか？⑤このリストを見てください。⑥乗ったことがある乗り物には、空欄に○を書いてください。⑦乗ってみたい乗り物には△を書いてください。⑧乗りたくない乗り物には×を書いてください。⑨ベビーカーに乗ったことはありますか？⑩多分みんな乗ったことがあると思いますよ。

活動2

一番速いのはどれ？

準備するもの　なし
所要時間　20分

■ 速度比較クイズで時速の表現に触れる

それぞれの乗り物の移動可能速度をテーマにした活動です。人間が普通に歩く速度は時速約4kmです。オリンピック選手の100m走の時速は37kmほどになります。この速度は、一般の人だと自転車に乗ってついていくのにも苦痛を感じる速さです。

他の動物の走る速度と比べる活動をすると「時速何km」という表現にたくさん触れることができます。クイズ形式で活動を組み立てると面白いでしょう。

また、自転車や車、飛行機の速度など、乗り物の速度比較もできます。地球を回っている人工衛星が、どれくらいのスピードで動いているかなど、想像できないものを取り上げるのも、子どもの興味を引き付ける上で有効です。

〈動物の走る時の速度比較（時速）〉
camel(ラクダ): 5km、human(人間): 37km、dog(イヌ): 60km、cat(ネコ): 45km、hippopotamus(カバ): 50km、giraffe(キリン): 50km、lion(ライオン): 60km、cheetah(チーター): 110km
※ラクダは歩く時の速度を示しています。

〈乗り物の速度比較（時速）〉
bicycle(自転車):15km、car(車):100km、Shinkansen(新幹線): 300km、linear motor car(リニアモーターカー): 550km、airplane(飛行機): 1,000km、artificial satellite(人工衛星): 28,440km

CD 52 Teacher Talk

① Who can run fast in this class?
② Kenta can run at about 24 km per hour.
③ An Olympic gold medalist can run at about 37 km per hour.
④ Which can run faster, a hippopotamus or a man?
⑤ A hippopotamus can run faster than a man.
⑥ A hippopotamus can run 50 km per hour.
⑦ They can run very fast.
⑧ Which can run faster, a dog or a cat?
⑨ Shinkansen can go 300 km per hour.
⑩ How fast can the linear motor car go?
⑪ How fast can an airplane fly?
⑫ It can fly at about 1,000 km per hour.

[和訳]
①このクラスで一番足が速い人は誰ですか？　②ケンタは時速24kmで走れます。③オリンピックの金メダリストは時速37kmで走れます。④カバと人間ではどちらが速いでしょう？　⑤カバは人間より速く走れます。⑥カバは時速50kmで走れます。⑦とても速いですね。⑧イヌとネコではどちらが速く走れますか？　⑨新幹線は時速300kmで走れます。⑩リニアモーターカーはどれくらい速いですか？　⑪飛行機はどれくらいの速さで飛べますか？　⑫時速1,000kmで飛びます。

活動3

東京ー大阪間は何時間？

準備するもの　地図帳
所要時間　30分

■ 時間、距離、速度の計算に発展が可能

東京と大阪は、新幹線の線路上の距離で約550kmあり、この区間を新幹線は時速約300kmで走っています。途中の駅に止まらずにこの速度で走った場合、何時間何分で東京から大阪まで行けるか計算しましょう。

その後、同じ距離を自転車やラクダに乗って行った場合、どれくらいの時間がかかるか計算する活動に結び付けましょう。「一番速いのはどれ？」(p.84)で取り上げた乗り物の速度を参考にして、車や船、飛行機などで行った場合も想定して、活動を発展させましょう。

時間と距離と速度の関係については、6年生で習いますが、簡単な割り算（距離÷時速）で計算ができますので、特に難しく感じることはないでしょう。

また、区間を東京と大阪ではなく、子どもたちの身近な場所や行ったことがある場所、行ってみたい場所に設定して活動することもできます。大きな数字についてすでに触れていれば、行き先を海外に設定して、飛行機で到達するおよその時間を調べることもできます。さらに人工衛星がどれくらいの速さで地球を回っているかなどを計算するのも、高学年にとって興味深い活動となります。距離は地図帳やインターネットなどで簡単に検索できるので、いろいろな場所を調べてみましょう。

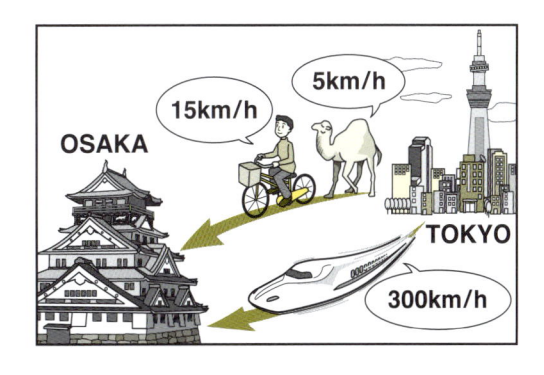

CD 53　Teacher Talk

① How far is it from Tokyo to Osaka?
② It's about 550 km.
③ How long does it take to go to Osaka from Tokyo by bicycle?
④ Please divide 550 by 15.
⑤ It's about 37.
⑥ It takes about 37 hours by bicycle.
⑦ How about on a camel?
⑧ Can you guess?
⑨ How many hours does it take for the artificial satellite to go around the earth?
⑩ It takes about an hour and a half.

[和訳]
①東京から大阪までどのくらいの距離がありますか？　②約550kmあります。③東京から大阪まで自転車で行くと、どのくらいの時間がかかりますか？　④550を15で割ってください。⑤約37です。⑥自転車では約37時間かかります。⑦ラクダだとどうでしょうか。⑧予想できますか？　⑨人工衛星は地球を回るのに何時間かかりますか？　⑩約1時間半かかります。

活動4

行ってみたい場所はどこ？

準備するもの ワークシート「旅行計画を立てよう」(30.pdf)、旅行パンフレットなど
所要時間 40分

■ 実際に旅行することを想定した活動

日程や行き先までの距離、使用する交通機関やかかる費用などを自分たちで調べて、旅行計画を立てる活動を行いましょう。

小学校の修学旅行や家族旅行などでも遠くへ出かける機会がありますが、小学校の修学旅行では、スケジュールが決められており、子どもたちが自分で計画を立てるケースは少ないようです。家族で旅行をする時も、子どもは親が立てた旅行計画に従って、ついていくことが多いのではないでしょうか。

ワークシート(30.pdf)を見て、どこに行こうとしているのか、どのような乗り物を利用するのか、乗り物に乗っている時間はどれくらいかなどを説明しましょう。

次に、自分で行きたい場所を選び、目的地に行くのにどのような乗り物を使うのか、どれくらいの時間がかかるかなどを、旅行パンフレットやインターネットを有効に利用して調べ、オリジナルの旅行計画を立てましょう。

■ ワークシートの使い方

① 児童数分コピーをして、1枚ずつ配ります。
② [Okinawa visit plan]について、移動方法や時間を説明します。
③ 下の空欄を使ってオリジナルの計画を立てます。

PDF 30

Teacher Talk (CD 54)

① Where do you want to go?
② You want to go to Okinawa.
③ How do you get to Okinawa?
④ Let's plan a visit to Okinawa.
⑤ This is the plan to visit Okinawa.
⑥ He is going to Okinawa by airplane.
⑦ How long does it take to get from Haneda to Naha?
⑧ It takes about 2 hours.
⑨ He is going sightseeing in Naha by taxi.
⑩ The next day, he is going to an aquarium by bus.
⑪ He is coming back to Haneda from Naha by airplane.

[和訳]
①どこに行きたいですか？ ②沖縄に行きたいのですね。③どのようにして沖縄に行きますか？ ④沖縄旅行の計画を立てましょう。⑤これは沖縄旅行の計画です。⑥彼は沖縄に飛行機で行きます。⑦羽田から那覇まではどれくらいかかりますか？ ⑧約2時間かかります。⑨彼はタクシーで那覇を観光します。⑩次の日、水族館にバスで行きます。⑪彼は那覇から羽田に飛行機で帰ります。

Column 8 小泉清裕×英語活動への思い

Q ペア活動やグループ活動はどのようにしたらいいですか

A 本当に必要なペア活動かどうかを見極めましょう

児童にとってコミュニケーションの相手は「先生」

コミュニケーションを重視した英語活動ということが求められているため、英語活動では、児童相互の対話をさせるようなペア活動やグループ活動がよく行われます。ここでよく考えたいのは、言葉がまだうまく使えない幼児を集めて「自分たちでお話をしなさい」という指示を保育園の先生がするでしょうか。言葉がうまく使えない幼児だけで、対話をするのは不可能なことです。しかし、幼児の集団の中に母親や保育園の先生が加わった場合は、状況が大きく変化します。先生が集団の中に入ることで、個々の幼児への問いかけが他の幼児へと発展していき、幼児たちがみんなで対話をしているように見えてきます。

これと同様に、うまく英語を話せない児童をペアやグループにしても、英語での対話は成立しません。一定の表現を覚えさせて、意味なく名前を尋ねたり、年齢を聞きあったりすることはできても、それは対話ではなく単なる繰り返しの練習でしかありません。この形態は、あたかも児童が英語を話しているように先生が錯覚するため、安易に行われていますが、決してコミュニケーション活動と呼ぶことはできません。

小学校の英語活動では児童のコミュニケーションの相手の原点は「先生」です。幼児が母親や保育園の先生を仲介にして話をすることで、幼児相互の関係が築かれていくように、先生を中心にして、コミュニケーションが生まれる活動をするべきです。

意味のあるペア活動やグループ活動を目指す

児童のペア活動やグループ活動すべてを否定しているわけではありませんが、表現を覚えさせてその表現を言うためだけに、何が何でもペア活動やグループ活動をしなければ英語活動にならないと考えるのはおすすめできません。本当にペア活動やグループ活動がその活動に必要かどうかを判断した上で行うべきです。ペア活動やグループ活動をするための活動作りになってしまっては本末転倒です。

それでは、意味のあるペア活動やグループ活動とはどのようなものでしょうか。それは、ペアでなければできない活動です。例えば、数字をテーマにした活動（p.22〜）の中でも紹介しましたが、一人が言った数字を聞いて、足して10になる数字を言うゲームの場合、相手がどうしても必要になります。二人でなければできない活動ならば、ペア活動になりますし、グループでなければならない活動である場合のみ、グループ活動が必要になります。

本当に相手に聞きたいことがあり、そこで得られた情報に意味がある場合のみ、ペア活動やグループ活動を取り入れましょう。

西暦・年齢

高学年では歴史を学び始めるため、社会で学習した内容に英語活動でも触れることができます。年号など大きな数字の言い方も押さえておきましょう。

このテーマの目標 ☞
- □ 歴史を振り返り、歴史的遺産のできた年やその築年数を確かめる。
- □ 西暦の言い方と年齢の言い方を理解する。

このテーマのポイント

西暦の言い方は1〜99までの数字が原点

「時刻」をテーマにした活動（p.28〜）のポイントは、1〜59の数でしたが、西暦の言い方の原点は1〜99の数の言い方です。また、時刻と同様に数字を二つに分けると西暦が言えることを理解させましょう。その点からいえば、時刻の活動の後に西暦の言い方を登場させる方が児童は容易に理解できます。

年齢をテーマにした活動では、How old are you?（何歳ですか？）を使って人に年齢を尋ねる活動が多いですが、ものの年齢もHow old is it?（〈できてから〉どれくらいたちますか？）で尋ねることができます。年齢を知っている同級生に尋ねる活動ではなく、年齢を尋ねることに意味を持たせる活動作りを目指しましょう。

導入のポイント

いろいろな西暦の言い方に触れる

西暦の言い方は、時刻と同様に数の言い方に触れることから始めます。1〜99までの数が基本ですが、1800年（eighteen hundred）や1901年（nineteen oh one）、2000年（two thousand）などのように、特殊な言い方をする西暦もありますので、hundredとthousandの言い方は確認しておく必要があります。西暦の活動をするまでの数字の学習経験にもよりますが、念のため、短時間でも1〜99までの数の言い方を確認する活動を行っておきましょう。

同じ数字でも、西暦を言う場合と年齢を言う場合が異なることも、例を挙げて確認しておくことが導入として必要になります。

高学年向けの活動のポイント

日本や世界の国々の歴史に触れる

高学年の活動では、歴史的な建造物の建築年や、偉人の人生を話題にして西暦の言い方に触れる活動を展開することができます。社会で学習した内容が、英語活動で生きるチャンスです。基本的に1〜99までの数字に慣れてさえいれば、ほとんどの年号を英語で言うことができます。

2000年以降の西暦の言い方は、まだ確定していません。2000年は the year two thousand と言うこともありますし、2006年は two thousand (and) six と言ったり、二つに分けて twenty oh six などのように言ったりする場合もあります。単純に2005年を二つに分けて言うと、twenty-five（25）と同じになってしまうからです。2010年以降は二つに分ける言い方が増えると思いますが、こちらも確定されていません。2011年は二つに分けて、twenty eleven や、two thousand (and) eleven と言うこともあります。ちなみにオリンピックの正式名称は、開催地名＋Olympics＋年号、です。こんなところにも注目をして進めていきましょう。

活動1

100を作ろう

準備するもの　なし
所要時間　30分

■ まずは1～99に十分に慣れる

　西暦を読むために必要な、1～99までの数字に親しむための活動です。はじめは復習を兼ねて、1～10までを"Seven Steps"を歌って思い出させましょう。"Seven Steps"は、以下のように歌い方を少し工夫すれば簡単に10まで歌うことができます。

《1から10までの歌い方》
1、2、3、4、5、6、7
1、2、3、4、5、6、7
8、9、10
8、9、10
1、2、3、4、5、6、7

　慣れてきたら10、9、8、7、6、5、4……と歌い始めたり、数字の順番をばらばらにして歌ったりしましょう。それ以上の数字についてもあやふやな部分があれば、「英語で足し算にチャレンジしよう」(p.29)で取り上げたゲームを行ってもいいでしょう。
　59までの数字が自由に言えるようであれば、次に、足して100を作るゲームをします。はじめに先生が二桁の数字を言い、足して100になる数字を児童が言います。慣れてきたら、児童が一人ずつ順番に数字を言って、先生が残りの数字を言います。児童をペアにして行ってもいいですが、はじめからペアで活動させるのは難しいので、児童の活動状況をよく見ながら、徐々にステップを上げましょう。

Part 3　西暦・年齢

CD 55 Teacher Talk

① Listen to me carefully.
② Let's play a game.
③ The name of the game is "Make 100."
④ I say a number first.
⑤ Then you say another number to make a total of 100.
⑥ For example, I say 25.
⑦ Then you have to say 75.
⑧ 25 plus 75 is 100.
⑨ Are you ready?
⑩ 56.
⑪ That's right.
⑫ 56 plus 44 is 100.
⑬ You are very good.
⑭ Next, you say the number first.
⑮ Now, make pairs.
⑯ You can play the game with your partners.

[和訳]
①よく聞いてください。②ゲームをしましょう。③ゲームの名前は「100を作ろう」です。④先生が最初に数字を一つ言います。⑤足して100になる数字を言ってください。⑥例えば、25と言ったとします。⑦みなさんは75と言ってください。⑧25+75は100です。⑨準備はいいですか？⑩56。⑪その通りです。⑫56+44は100ですね。⑬とてもいいですね。⑭次は、あなたが最初に数字を言ってください。⑮それではペアを作ってください。⑯ペアの相手とゲームをしましょう。

活動2

これはいつ建てられた？

準備するもの　社会の教科書、歴史年表など
所要時間　20分

■ 社会の要素を取り入れた活動

　有名な建物や歴史的な遺産がいつ作られたか、西暦でその年を表す活動をしましょう。社会の教科書や歴史年表を児童に前もって準備させておいて、奈良の大仏が何年に建立されたか、姫路城はいつ建造されたか、などの質問をします。年表を見ながら、奈良の大仏であれば752年に建立されたことを確認して、英語での言い方を伝えましょう。

　先生が質問するものは、歴史的な遺産などでなくても構いません。子どもたちの身近にあるもので、例えば、通っている小学校や自分が住んでいる家、地域にある有名な建物や子どもに人気のテーマパークなどを取り上げて、子どもたちが飽きない活動にしましょう。

　また、西暦の言い方は特徴があるものを加えて、さまざまな言い方に触れるようにすることが大切です。例えば、1958年(nineteen fifty-eight)のように、よくある四桁の年だけでなく、752年(seven fifty-two)のように3桁で表わすものや、1800年(eighteen hundred)のように下二桁が00のもの、あるいは、1703年(seventeen oh three)のように、途中に0が入るものなどを加えるようにしましょう。

　ここで取り上げた建物などの作られた年は、次の「先生と学校はどっちが若い？」(p.91)でも活用できますので、メモするなどして、リスト形式にしておきましょう。

CD 56　Teacher Talk

① Look at this picture.
② This is the Daibutsu in Nara.
③ When was the Daibutsu in Nara made?
④ Please open your social study texts.
⑤ Check when it was made.
⑥ Takashi, did you check the year?
⑦ Yes. It was made in 752.
⑧ Good job!
⑨ Next, when was Himeji Castle built?
⑩ Does anybody know?

[和訳]
①この写真を見てください。②これは奈良の大仏です。③この大仏はいつ建立されましたか？ ④社会の教科書を開いてください。⑤いつ建立されたか確認してください。⑥タカシ、確認しましたか？ ⑦そうです、752年に建立されました。⑧よくできました！⑨次、姫路城はいつ建造されましたか？⑩誰か分かりますか？

活動3

先生と学校はどっちが若い？

準備するもの ［活動2］で取り上げた建物や遺産などのリスト
所要時間 20分

■ 年齢を尋ねるなら意味を持った活動に

［活動2］「これはいつ建てられた？」(p.90)の延長として、取り上げた有名な建物や歴史的な遺産などが何歳になるかを考える活動をしましょう。今の西暦から、それぞれのものが作られた年を引くだけなので、簡単にできます。［活動2］をした後、あまり時間をあけずに行うといいでしょう。同じ数字でも、西暦は"It was built (made) in ..."、年齢は"It's ○ years old."など、表現が異なることについても説明しておきましょう。

学校や自分の家など身近なものから始めて、地域にある有名な建物、奈良の大仏や金閣寺など歴史的遺産が今年で何歳になるかを尋ねます。建造された西暦が分かっていても、実際に年齢として数えてみることで、いかに古くからあるか、違った視点から見ることができます。

最近建てられたものであれば、児童の年齢と比べることができます。自分たちが通っている学校が創立何年か、先生の年齢と比べてもいいでしょう。

年齢と言うと"How old are you ?" "I'm 11 years old."など、クラスメイト同士で尋ね合う活動が中心になってしまいがちですが、［活動2］と連携することで、自然な形で"How old is (are) ... ?" "It's (They're) ○○ years old."の表現を取り入れることができ、年齢を確認する必然性がある活動を展開できます。

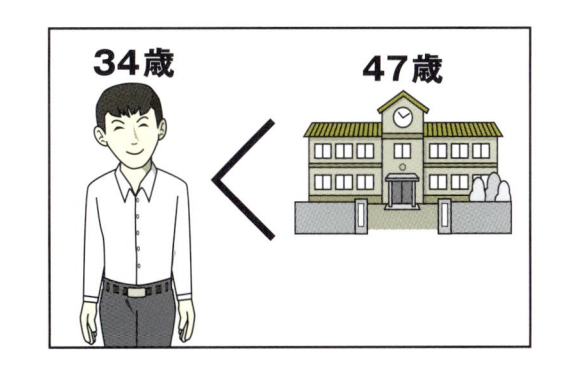

Teacher Talk (CD 57)

① When were you born?
② You were born in 1999 or 2000.
③ So, you are 11 or 12 years old.
④ I was born in 1977.
⑤ I am 34 years old.
⑥ Which is older, our school or me?
⑦ Do you know when our school was built?
⑧ Our school was built in 1964.
⑨ How old is our school?
⑩ 2,011 minus 1,964 is 47.
⑪ Our school is 47 years old.
⑫ So, our school is older than me.

[和訳]
①何年に生まれましたか？ ②1999年か、2000年ですね。③11歳か12歳ですね。④先生は1977年に生まれました。⑤34歳です。⑥学校と先生はどちらが年上でしょう？ ⑦学校がいつ創立されたか知っていますか？ ⑧学校は1964年にできました。⑨学校は何歳ですか？ ⑩2,011から1,964を引くと47です。⑪学校は47歳です。⑫学校は先生よりも年上です。

方位・地図

日常生活に密接した方位や地図は、他教科での学習内容を生かしやすいテーマです。方位の言い方を確認しながら、いろいろな地図の見方を紹介しましょう。

このテーマの目標 ☞
- □ 地図上や実際の位置からの方位と、自分たちが生活している町について理解する。
- □ 8方位の言い方に慣れ、地図記号が何を表しているか英語で言える。

このテーマのポイント
8方位の言い方を理解して、地図上の方位を伝える

まず、4方位の言い方の理解をさせ、4方位をもとにして、8方位を示す言葉と、そのイニシャルを理解させることがこのテーマでのねらいとなります。

次に、自分たちの学校を中心とした地図を用意して、自分たちが暮らしている町の建物やランドマークが学校からどの方角に当たるのかを確認することで、8方位を示す言葉を使う機会にしましょう。同時に、地図上だけでなく、屋上などから実際の方位を確認して、自分の家の方角を言い、その方角を指し示せるような、生活に適応した活動にすることがポイントとなります。

導入のポイント
N、S、E、Wから8方位へ広げる

4方位を示す、NSEWの名前から始めましょう。Nが north、Sが south、Eが east、Wが west であることを理解させ、その間の方位が northeast、northwest、southeast、southwest であることを伝えましょう。一般的に英語ではNSEWの順序で言いますが、日本語では東西南北、中国語では東（トン）南（ナン）西（シー）北（ベイ）の順序で言うことなどを話題にすると、方位に関してさらに関心が高まります。

高学年向けの活動のポイント
地図記号や縮尺を取り上げる活動へ

地図にはたくさんの種類があることを話題にしましょう。太平洋が中心にある地図、大西洋が中心にある地図、アメリカ大陸が中心にある地図、南半球が上半分にある南北が逆転している地図などを用意して、それぞれの地図の中での方位を確認しましょう。特に南北が逆転している地図は特徴があるので、有効な教材になります。視点の違いが地図の描き方に関係することが理解できるでしょう。

日本地図を使った活動では、北海道や四国など各地域だけを切り取って、その部分を180度回転させ、児童にその向きで北の方角はどちらかを確認する活動をします。普段見慣れた地図をさまざまな角度から見ることができます。

また、自分たちの住んでいる町の地図を活用して、その中に記載されている地図記号をもとに、どこに何があるかを確認しましょう。地図記号は3年生の時に社会で学んでいるので、記号を通して、英語での言い方を学ぶいい機会になります。学校や自分の家から町の代表的な建物の方角を調べる活動をしてもいいでしょう。また、6年生で行う算数の学習内容を生かし、学校からそこまでの距離がどのくらいあるかを、地図上の縮尺を使って算出する活動もできます。

活動1

N、S、E、Wが表しているものは？

準備するもの ワークシート「8方位をかくにんしよう」(31.pdf)
所要時間 20分

■ 8方位の言い方は体を使って導入

　N、S、E、Wを黒板に書いて、それぞれが何を意味しているかを尋ねる活動から始めます。黒板に円を描き、地図上では上がN、下がS、右がE、左がWにあたることを確認します。その後、4方位のそれぞれの中間にNE、SE、NW、SWの残りの方位を示して、その言い方を確認します。

　次に先生が黒板の前に立ち、それぞれの方角を言いながら、その方向に手を伸ばします。児童も同じように方向を示すよう促し、方向を言うスピードを徐々に早めていきます。慣れてきたら、先生は言っている方位と手の向きをわざと間違えるようにすると、それにつられて間違う児童が現れるので、ゲーム感覚で楽しめます。

　また方位のワークシートを使って、N、S、E、Wなど8方位を記入して、自分が現在いる位置を中心にどの位置に自宅や駅などがあるか、地域にあるものを記入する活動を行ってもいいでしょう。

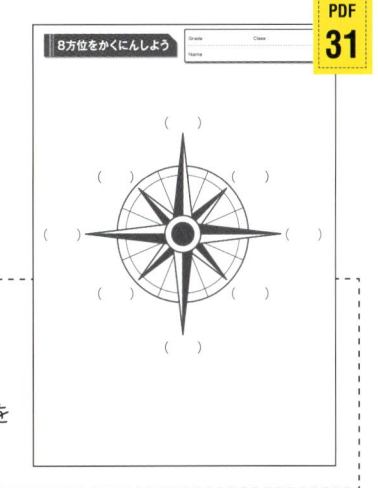

■ ワークシートの使い方

① 児童数分コピーをして、1枚ずつ配ります。
② 方位を一つずつ確認して、空欄にN、S、E、Wなど方位の記号を記入させます。

Teacher Talk (CD 58)

① Look at these letters.
② What letters are these?
③ Yes. They are N, S, E and W.
④ What do these letters mean?
⑤ Sure! These are the four directions.
⑥ N (S / E / W) is for north (south / east / west).
⑦ Between N and E, there is NE.
⑧ NE is for northeast.
⑨ SE is between S and E.
⑩ SE is for southeast.
⑪ NW is for northwest and SW is for southwest.
⑫ Please point to the direction I say.
⑬ Are you ready?
⑭ North (south / east / west) is up (down / right / left).

[和訳]
①これらの文字を見てください。②これは何ですか？ ③そうです。N、S、E、Wです。④これらの文字は何を表していますか？ ⑤その通りです！これらは4つの方位です。⑥N(S / E / W)が北(南／東／西)です。⑦NとEの間にNEがあります。⑧NEは北東です。⑨SEはSとEの間にあります。⑩SEは南東です。⑪NWは北西で、SWは南西です。⑫私が言う方向を指してください。⑬いいですか？ ⑭北(南／東／西)は上(下／右／左)です。

Part 3　方位・地図

活動2

北はどの方角？

準備するもの ワークシート「Map of Japan」と「World Map」(32.pdf)
所要時間 30分

■ 地図上の方位を理解する

地図上で東西南北がどの位置を指すか確認しましょう。ワークシート「World Map」(32.pdf)を逆さまにして使用します。東西南北も逆さまになるので、「N、S、E、Wが表しているものは？」(p.93)での動きと逆になるのがポイントです。

次に、ワークシート「Map of Japan」(32.pdf)を利用して、日本の各地方を部分的に切り取った地図を用意します。例えば北海道だけを切り取った地図を拡大して見せて、その地図を回転させながら、どの方向が北であるかを質問します。北海道の地図をいつも見ているように示せば、北は上になりますが、逆さまの向きで示せば北は下になります。九州や四国は比較的やさしいですが、関東地方や近畿地方を部分的に切り取ると、それがどの地方なのかは意外に難しく、理解するのにヒントが必要になります。ヒントも簡単な英語で言えるように準備しておくといいでしょう。

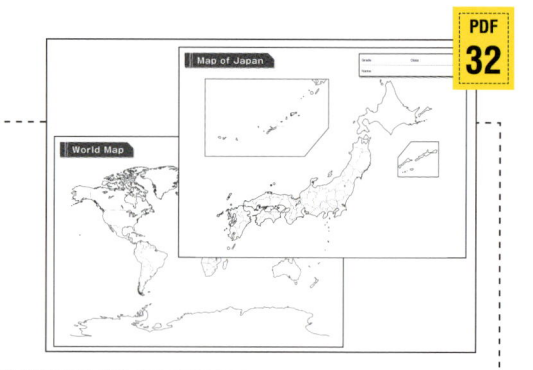

■ ワークシートの使い方

① B4サイズやA3サイズなど児童に見える大きさでプリントアウトしておきます。
② 使用する地方の部分はさらに拡大コピーをしておきます。

PDF 32

CD 59 Teacher Talk

① Look at this map.
② On this map which way is north?
③ Is north up?
④ No, north is down on this map.
⑤ Which way is south?
⑥ South is up on this map.
⑦ Which way is east?
⑧ This is Hokkaido.
⑨ Usually we see Hokkaido like this on a map.
⑩ Which way is north?
⑪ North is up.
⑫ But this time, which way is north?
⑬ North is right.
⑭ Next, what part is this?
⑮ Is this the Kanto area?
⑯ No, this is the Kinki area.
⑰ Which way is north?

[和訳]
①この地図を見てください。②この地図で、北はどちらですか？③北は上ですか？④いいえ、この地図で北は下です。⑤南はどちらですか？⑥この地図では南が上です。⑦東はどちらですか？⑧これは北海道です。⑨地図上ではいつもこのように北海道を見ています。⑩北はどちらですか？⑪北は上ですね。⑫でも今度は、北はどちらですか？⑬北は右です。⑭次に、これはどの部分ですか？⑮関東地方ですか？⑯いいえ、これは近畿地方です。⑰北はどちらですか？

活動3

これは何の記号？

準備するもの 絵カード「地図記号」(33.pdf)、学校や児童の家が載っている地図
所要時間 30分

■ 地図記号を通して場所の言い方を確認

社会で学習した地図記号を見せて、その記号が何を表すかを確認する活動です。絵カード(33.pdf)をフラッシュカードとして使用し、英語の単語に触れる機会にします。最初は「学校」や「郵便局」のマークなどのように、英語でもその語が言える可能性の高いものから始め、次第に「消防署」や「警察署」など英語がすぐに出てこないものへと進めて行きます。

ある程度、英語で言えるようになったら、あらかじめ準備しておいた地図を1枚ずつ配ります。地図はインターネットなどを利用して、地図記号がたくさん入っていて、学校が中心にあり、全ての児童の家が含まれているものを選びましょう。その地図を見ながら、どこに何があるのか、地図記号を話題にしながら確認していきます。また、消防署は学校からどの方角にあるのかなど、方位を答えにする活動にも展開できます。

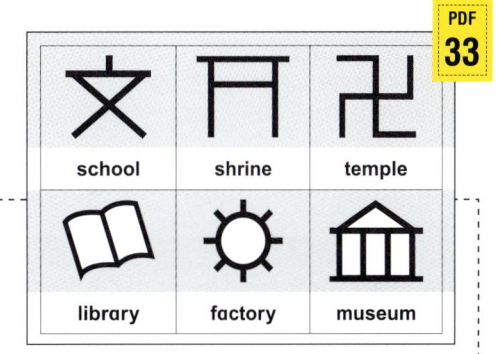

PDF 33

| school | shrine | temple |
| library | factory | museum |

■ 絵カードの使い方
B4サイズやA3サイズなど、児童に見える大きさでプリントアウトしておきます。

Part 3 方位・地図

CD 60 Teacher Talk

① Look at this mark.
② What's this mark?
③ Is it a hospital?
④ Yes. That's right.
⑤ It's the mark for a hospital.
⑥ What's this mark?
⑦ Yes, it means a city hall.
⑧ Which way is the city hall from our school?
⑨ Is it south?
⑩ Good. It's southeast from our school.
⑪ Which mark is the police station?
⑫ Where is your house?
⑬ Please mark your house with your red pencil.
⑭ Can you find your house?
⑮ Which way is your house from our school?

[和訳]
①この記号を見てください。②これは何の記号ですか？ ③病院ですか？ ④その通りです。⑤これは病院の記号です。⑥これは何の記号ですか？ ⑦そうです、これは市役所です。⑧市役所は学校からどの方角ですか？ ⑨南ですか？ ⑩そうです、市役所は学校の南東にあります。⑪警察署はどれですか？ ⑫あなたの家はどこですか？ ⑬あなたの家を赤えんぴつでマークしてください。⑭自分の家は見つかりましたか？ ⑮学校から家はどの方角ですか？

活動4

家の方角、距離を調べよう

準備するもの ［活動3］で使用した地図、色えんぴつ、定規
所要時間 40分

■ 縮尺の計算にまで発展が可能

　［活動3］「これは何の記号？」(p.95)で使用した、学校や児童の家が載っている地図を再度使用して、学校や自分の家から、さまざまな場所までの方角や距離を確認する活動です。

　児童は色えんぴつで、先生が言った場所をマークします。そして、それぞれの場所が、学校からどの方角にあるかを確認して、その方位を言う活動をしましょう。いつも行くスーパーやコンビニエンスストア、郵便局の位置などが、学校からどの方角にあるかを確認します。

　また、自分の家も同様に色えんぴつでマークして、学校や他の場所からの方角を確認します。実際に方位磁針で教室からの方位を確認し、教室から自分の家の方角を指さしてもいいでしょう。次に自分の家を中心にして、今までに確認したものが、どの方角にあるかを言う活動をすれば、方位を示す言葉が児童からたくさん発せられます。

　地図上に、縮尺の長さを示す線をどこかに入れておけば、学校から自分の家までの直線距離を算出する活動ができます。縮尺の計算は、6年生の算数の単元になりますので、5年生ではおよその距離が分かればいいでしょう。誰の家が学校から一番近くにあるか、または、誰の家が学校から一番離れているかなどを話題にすることもできます。学校からだけでなく、各児童の家から、駅や市役所までの距離を測る活動もできます。

CD 61 Teacher Talk

① This is a map of the area around our school.
② Where is our school?
③ Find our school and mark it with a red pencil.
④ Where is the post office?
⑤ Can you find the post office?
⑥ Which way is the post office from our school?
⑦ Is it east?
⑧ Yes, it's east from our school.
⑨ Where is your house?
⑩ Take out your ruler.
⑪ Measure from our school to your house.
⑫ How many centimeters is it from our school to your house?
⑬ Two centimeters is 100 meters on this map.
⑭ Figure out the distance.

［和訳］
①これは学校周辺の地図です。②学校はどこですか？ ③学校を見つけて、赤えんぴつでマークしてください。④郵便局はどこですか？ ⑤郵便局が見つかりましたか？ ⑥学校から郵便局はどの方角ですか？ ⑦東ですか？ ⑧そうです、郵便局は学校から東の方角です。⑨あなたの家はどこですか？ ⑩定規を出してください。⑪学校から自分の家までを測ってください。⑫学校から家までは何cmですか？ ⑬この地図では2cmが100mです。⑭距離を計算してください。

Column 9　小泉清裕×英語活動への思い

Q よりよい英語活動の実践に必要なものは何ですか

A 「プログラム」「教材」「教師力」「環境」の四つの要素です

よい活動を作るために四つの要素を整える

英語活動だけでなくどの教科指導でも共通して言えることですが、よい活動を作るための条件は「プログラム」「教材」「教師力」「環境」の四つの要素が整っていることです。

「プログラム」とは6年間や1年間の指導計画のことです。指導する年月分の「プログラム」がなければ、行き当たりばったりの活動になります。年間を通してそれぞれの活動が他の時間とつながっていなければなりません。

「教材」は「プログラム」を具現化するために重要です。「プログラム」がいかに素晴らしくても、それを活動に生かすためには、よりよい「教材」が必要です。多くの優れた教材が活動の幅を広げ、優れた活動を生み出します。

「教師力」とは、ここでは「教材」を効果的に使用する力です。どんなに優れた「教材」があっても児童は「教材」と触れ合うのではなく「教材」を使用している先生と触れ合うのです。「教材」のよさを理解し、教材をできる限り有効に活用できる「教師力」が求められます。

「環境」は一言で言うと、活動がやりやすい環境であるかということです。先生の声が聞こえない教室では、どんなに他の三つの要素が優れていても、効果的な活動にはなりません。またインターネットを活用する場合も「環境」が必要です。「環境」も、よい活動を作るための大切な条件です。

最初の10年は先生が英語活動を楽しむ期間

よい活動を作るための四つの要素は一朝一夕にはできるものではありません。先生がまず目指すのは、「教師力」を上げることでしょう。よい「教材」を見つけて、それを有効に活用することから始めることです。「教材」を活用する力がつけば、次に自分でも工夫して自分が一番使いやすい「教材」を作成できるようになり、それらをどのように組み合わせたら効果的な活動になるかが何となくわかってきます。ここまでくれば、「プログラム」作りが見えてきます。

しかし、ここまでのことができるようになるには、ある程度の時間がかかります。焦らず、諦めずに続けていくことが最も大切です。一人でやろうとすると苦痛が伴いますので、仲間を増やすことが大切です。同じように英語活動を行っている先生に声をかけて、みんなで楽しみながらアイディアを出し合いましょう。そうすれば、思ったよりも早く「プログラム」作りが見えてくるはずです。

最初の10年は先生が英語活動を楽しむ期間だと考えましょう。先生が楽しめる英語活動こそが、児童が楽しめる英語活動になります。

人物紹介

身近な人から著名な人まで、いろいろな人物について先生が紹介する活動です。
紹介される人物のことを児童がもっと知りたいと思えるような活動にしましょう。

このテーマの目標 ☞
- □ 他の人への関心を深め、自分も他の人と関わろうとする気持ちを高める。
- □ 西暦、年齢の言い方について復習し、職業や人の特徴などの言い方に慣れる。

▼ このテーマのポイント
人への関心を高める活動を目指す

　コミュニケーション力とは、人への関心の強さを意味しています。人に対して関心を持ち、さらにその人のことを知りたいと思う気持ちが、その人への尊敬や愛情を感じる原点です。ここでは、その人がどのような生活をし、どのような人生を歩んだかなど、歴史的人物や著名人などの生き方や業績を紹介しながら、自己紹介の言い方に慣れることを目指しましょう。

　ある程度の表現が理解できるようになったら先生が質問をして、その質問に児童が答える形で自己紹介の言い方に慣れましょう。唐突に児童に自己紹介の表現を暗記させて、友達同士で自己紹介をさせるような意味のない活動にしないことが大切です。

▼ 導入のポイント
先生の半生を紹介して興味を引く

　児童にとって、学校で一番身近にいる先生は担任の先生です。ですから、担任の先生はどの児童にとっても非常に関心のある人物です。最初は、先生の知られざる一面を含めた自己紹介から始めましょう。もちろん、紹介する人物が自分であることは言わずに、子どもの頃の写真を見せながら、その当時の様子や、何を考えて、どのようなことに興味、関心を持っていたかなどの紹介から始めましょう。先生の紹介がすんだら、同じ学年の先生や校長先生にインタビューをして、その先生方も紹介しましょう。同じような英語の表現をたくさん使用できますので、児童がいずれ自己紹介をする時の参考になります。

▼ 高学年向けの活動のポイント
歴史上の人物に興味を持たせる

　6年生になると、社会では歴史の学習が始まります。その点から言えば、歴史的な人物について紹介をする活動は6年生ならではの活動です。歴史上の有名な人物でも、児童はそれほど多くのことを知りませんので、幼少期の事や、若い時代にどのようなことをしていたか、そして晩年はどのような人生であったかなど、すでに学習した、西暦の言い方や年齢の言い方なども含めて紹介するといいでしょう。他教科との関連だけでなく、英語活動での既習の項目を何度も体験させることが、小学校英語活動での重要なポイントです。

　歴史上の人物だけでなく、さまざまな職業を持つ著名人を取り上げて、その人たちの紹介の中に、職業名を含めると、職業に関する英語に触れる機会にもなります。

活動1

これは誰だろう？

準備するもの 先生の子どもの頃の写真
所要時間 40分

■ 身近な人物の紹介から

先生の子どもの頃の写真を用意して、その写真の人物が誰なのか、少しずつヒントを出して紹介する活動です。家族以外の身近な人物として、担任の先生はうってつけといえるでしょう。

まず、先生の子どもの頃の写真を拡大コピーするなどして、児童に見せます。そして、先生が生まれたところ、子どもの頃に好きだったことや興味を持っていたこと、よく行った場所、友達のことなど、先生の秘密をヒントとしてたくさん紹介します。児童にはあらかじめ途中で誰なのか答えが分かっても言わずに、手を上げるように、伝えておきましょう。ヒントを最後まで聞いてから全員で答えを確認します。

ヒントのポイントは、先生が今までに児童に言っていないことをたくさん伝えることです。先生の両親のことなど、家族を登場させることも、児童が活動に興味を持つきっかけになります。

また、他のクラスの先生や校長先生などを登場させると、児童がその先生に対しても親しみを持つきっかけになります。その先生のとっておきの秘密もいくつか聞いておくといいでしょう。

先生の紹介が終わったら、グループの中から誰か一人に同様の発表をさせる活動を取り入れましょう。児童同士でも小学校に入る以前のことは知らない場合が多いので、赤ちゃんの頃の写真などを紹介するととても盛り上がります。

Teacher Talk (CD 62)

① Look at this picture.
② This is a very cute boy.
③ Who is he?
④ In this picture, he was 3 years old.
⑤ He liked ice cream very much.
⑥ He liked his mother very much.
⑦ Now, look at this picture.
⑧ This is the same boy.
⑨ In this picture, he was 6 years old.
⑩ He was in the first grade.
⑪ He liked his bicycle.
⑫ He rode his bicycle every day.
⑬ He liked comic books.
⑭ He wanted to be a teacher.
⑮ Now, he is a teacher.
⑯ He likes teaching children.
⑰ He teaches a lot of things to children.

[和訳]
①この写真を見てください。②とてもかわいい男の子ですね。③彼は誰ですか？④この写真の彼は3歳でした。⑤アイスクリームが大好きでした。⑥お母さんのことが大好きでした。⑦次はこの写真を見てください。⑧同じ男の子です。⑨この写真の彼は6歳でした。⑩1年生でした。⑪自転車が好きでした。⑫自転車に毎日乗っていました。⑬マンガが好きでした。⑭先生になりたいと思っていました。⑮今は先生です。⑯子どもたちに教えることが好きです。⑰子どもたちにたくさんのことを教えています。

活動2

この人の職業は何だろう？

準備するもの 著名人の写真など
所要時間 30分

■ 著名人の紹介から職業名へ

テレビや新聞などでよく目にする著名人の写真を用意して、その人の職業を尋ねる活動をしましょう。高学年になると、有名なスポーツ選手や音楽家などに対する関心が増してきますので、児童の興味を引き付けるにはぴったりの活動といえます。

まず、著名人の写真を児童に見せて、その人が誰か、どんな職業の人かを尋ねます。職業が分かったら、生年月日や出生地、業績など、簡単な経歴も紹介しましょう。職業名が中心の活動になりますが、著名人の名前と職業をつなげるいい機会になります。

先生は児童が身近に感じ、興味を持ちそうな人物をあらかじめ調べておく必要があります。大人は知っているけれど、子どもはあまり知らない著名人や、話題になっている人に焦点を当てると、社会的な話題へと発展させることもできるでしょう。

《職業名の例》

teacher（先生）、cook（調理師）、hairdresser（美容師）、police officer（警察官）、firefighter（消防士）、nurse（看護師）、doctor（医者）、vet（獣医）、actor（俳優）、actress（女優）、singer（歌手）、pianist（ピアニスト）、flight attendant（客室乗務員）、pilot（パイロット）、astronaut（宇宙飛行士）、baseball player（野球選手）、soccer player（サッカー選手）

CD 63 Teacher Talk

① Look at this picture.
② Do you know him?
③ What is he?
④ Is he a teacher?
⑤ No, he is a pianist.
⑥ He is a famous pianist.
⑦ He was born in Yokohama.
⑧ He liked playing the piano when he was very small.
⑨ He won first prize in a big piano competition.
⑩ Now, he is one of the best-known pianists in Japan.

[和訳]
①この写真を見てください。②彼を知っていますか？ ③彼の職業は何ですか？ ④先生ですか？ ⑤いいえ、彼はピアニストです。⑥彼は有名なピアニストです。⑦彼は横浜で生まれました。⑧彼はとても小さい頃からピアノを弾くのが好きでした。⑨彼は大きなピアノコンクールで優勝しました。⑩彼は今、日本を代表するピアニストの一人です。

活動3

福沢諭吉ってどんな人？

準備するもの 歴史的人物の写真など
所要時間 30分

■ 歴史的人物に興味を持たせる

6年生の社会では歴史を学びますので、児童が知っている歴史的人物を取り上げて、その人の足跡をたどる活動を取り入れましょう。歴史的人物の紹介をすることで、西暦の言い方の復習にもなり、社会での学習がそのまま生かされる活動になります。ヒントから誰のことかを当てるクイズ形式にすると、児童は興味を持って活動に取り組みます。

例えば、福沢諭吉について取り上げる場合は、生まれた年や業績をあげた年、亡くなった年などを次々に紹介して、黒板に書きます。最初に人物名を言わずに Who is this? のクイズ形式で行います。途中で答えが分かっても、手を上げるよう、あらかじめ伝えておきましょう。社会で触れたことがある人物の場合は顔も覚えている場合が多いので、人物の写真はどうしても分からない場合か、答えが出た際の確認用として使うようにしましょう。たくさんの英語に触れられるように、ヒントはなるべく多く出すようにしましょう。

取り上げる人物によっては、内容が難しくなる場合がありますので、児童がヒントを聞いて推測できる人物を選ぶことが大切です。児童にとっては正確に英語を聞き取る機会になり、先生にとっては英語で丁寧に話すいい訓練になります。

CD 64 *Teacher Talk*

① Let's do a quiz.
② I'll give you some hints.
③ When you get the answer, raise your hand.
④ Don't say the answer.
⑤ This is a famous Japanese person.
⑥ He was born in Osaka in 1835.
⑦ He went to Nagasaki in 1854.
⑧ In 1860, he went to the U.S. by ship.
⑨ The name of the ship was the Kanrin-maru.
⑩ He built a school.
⑪ The name of the school is Keiogijyuku.
⑫ He wrote a famous book in 1872.
⑬ The name of that book is "*Gakumon-no-susume*."
⑭ He died in 1901.
⑮ He was 66 years old.
⑯ He is on the 10,000-yen bill now.

[和訳]
①クイズをしましょう。②いくつかのヒントを出します。③答えが分かったら手をあげてください。④答えは言わないでください。⑤この人は有名な日本人です。⑥1835年に大阪で生まれました。⑦1854年に長崎に行きました。⑧1860年に船でアメリカに行きました。⑨船の名前は咸臨丸です。⑩彼は学校を作りました。⑪学校の名前は慶応義塾です。⑫1872年に有名な本を書きました。⑬その本の名前は「学問のすすめ」です。⑭1901年に亡くなりました。⑮その時66歳でした。⑯今、一万円札に載っています。

季節・12カ月

日本では12カ月を四季で表せますが、国によって季節や月のとらえ方はさまざまです。児童が意外に感じる要素を取り入れて季節と月の関係を紹介しましょう。

このテーマの目標 ☞
- □ 四季のある日本の素晴らしさを知り、それぞれの月の行事や自然の営みを感じる。
- □ 季節の名前と月の名前を理解する。

▼このテーマのポイント
単純な活動に別の素材を加えて知的な活動にする

　季節や月の名前を何度も言って、単語を覚えるだけの活動では、高学年の児童は知的な楽しさを感じません。そこで、高学年の児童でなければ、すぐには理解できない要素を加えることが必要になります。加える素材としては、一般的には年中行事がよく挙げられますが、年中行事は英語で表しにくいものが多く、英語にしたところで、日本人以外には理解しにくい表現になる場合が多いです。加える素材として何を選ぶかが、このテーマの一番重要なポイントです。

▼導入のポイント
世界の国々の季節と月の関係を取り上げる

　季節の名前は四つしかありませんし、多くの児童がすでに知っている言葉です。それぞれの季節には三つの月がありますが、春には何月が当てはまるかの質問から入りましょう。

　英語の辞書を調べると、アメリカでは一般的に6月、7月、8月が夏だと書かれています。しかし、イギリスでは一般的に5月、6月、7月が夏となっています。ハワイの春はいつか、オーストラリアの夏は何月かなどの質問をすることで、季節と月の関係がとても興味深く感じられます。それぞれの国の季節に関する情報は、インターネットで探すことができます。先生自身がいろいろな発見をするでしょう。

▼高学年向けの活動のポイント
英語と日本語の月の名前でマッチングゲームを行う

　英語には January, February, March のように、月ごとの名前があります。日本ではほとんどの場合1月、2月、3月のように月に数字を付けて、それぞれの月を呼んでいますが、日本語にも月を表す、睦月、如月、弥生、卯月、皐月、水無月、文月、葉月、長月、神無月、霜月、師走という名前があります。これらの月を表す漢字については、国語の時間でもあまり扱われない場合が多いので、あえて、英語活動の時間に触れるといいでしょう。漢字の読み方とそれが何月か、そして、英語ではその月を何と呼ぶのかがつながると、非常にレベルの高い活動になります。漢字で示す月の名前の絵カード（35.pdf）と、英語で示す月のカード（35.pdf）を用意すれば、英語と日本語の月の名前をマッチさせるカードゲームにすることもできます。

　また、季節ごとに咲く花の写真を用意して、その花の名前と、咲く季節はいつか、さらに何月ごろその花を見るかなどの質問をすると、季節の名前や月の名前を児童が必然的に口にする活動になります。年中行事だけでなく、さまざまなものを季節や月の活動の素材として活用することができます。

> 活動1

この花はいつ咲く？

準備するもの ワークシート「この花はいつさくのかな」(34.pdf)
所要時間 20分

■ 花を通して季節の言い方に触れる

花がどの季節や時期に咲くかを尋ねて、季節や12カ月の言い方に触れる活動です。この活動を行う前に、「色」をテーマにした活動の「春は何色？」(p.20)を再度行いましょう。この活動を通して、季節の言い方が理解できているかどうかを確認します。春、夏、秋、冬にはそれぞれ何月から何月までが含まれるかを尋ねて、月の名前の言い方を確認します。

12カ月の名前に十分慣れたら、ワークシート(34.pdf)を使って、それぞれの花が何月に咲くか、話し合いましょう。花の名前や色なども話題にするといいでしょう。

《花の種類》
tulip(チューリップ)、pansy(パンジー)、hydrangea(アジサイ)、sunflower(ヒマワリ)、morning glory(アサガオ)、lily of the valley(スズラン)、poinsettia(ポインセチア)、lily(ユリ)、violet(スミレ)、hyacinth(ヒアシンス)

■ ワークシートの使い方

① 児童数分コピーをして、1枚ずつ配ります。
② 花を見ながら花の種類や咲く時期を確認して、空欄に花が咲く季節と月を記入させます。

Part 3　季節・12カ月

CD 65 Teacher Talk

① How many seasons are there in Japan?
② Yes, there are four seasons.
③ What are they?
④ They are spring, summer, fall, and winter.
⑤ What are the summer months?
⑥ June, July, and August are in summer.
⑦ Look at this handout.
⑧ There are lots of flowers.
⑨ Look at number 1.
⑩ What is this flower?
⑪ Yes. This is a tulip.
⑫ When do you see tulips?
⑬ In winter? In summer?
⑭ No, you see tulips in spring.
⑮ You see them in April and May.
⑯ What colors are tulips?

[和訳]
①日本にはいくつの季節がありますか？ ②そうです、4つあります。③それらは何ですか？ ④春、夏、秋、冬です。⑤夏は何月ですか？ ⑥6月、7月、8月です。⑦このプリントを見てください。⑧たくさんの花があります。⑨1番の花を見てください。⑩この花は何ですか？ ⑪そうです、これはチューリップです。⑫いつチューリップは咲きますか？ ⑬冬ですか？ 夏ですか？ ⑭いいえ、チューリップは春に咲きます。⑮4月と5月に咲きます。⑯チューリップは何色ですか？

活動2

神無月は何月？

準備するもの 絵カード「12カ月の名前」（35.pdf）
所要時間 40分

■ 12カ月の異名も言えるように

睦月、如月、弥生、卯月など月の異名と英語の月の名前をマッチングさせる活動をしましょう。

まず、絵カード（35.pdf）の日本語のカードを見せて、読み方と何月かを理解させます。その後で、英語のカードを提示して、英語でその月の名前を確認します。はじめは1月から12月まで順番に行い、慣れてきたら順番を変えて月の名前を言えるようにしましょう。

児童のほとんどが日本語と英語の月の名前のマッチングができるようになったら、カードを使用して、3〜4人のグループで、カルタゲームをすることもできます。先生が月の名前を日本語で言ったら児童は英語のカードを取り、先生が英語で言ったら、児童は日本語のカードを取ります。慣れてきたら、グループ内で月の名前を読み上げる人を決めて、ゲームを行ってもいいでしょう。

月の異名はほとんどの児童がはじめて知るため、英語の名前とマッチングができるようになると、大きな達成感を得ることができます。

PDF 35

■ 絵カードの使い方

B4サイズやA3サイズなど児童によく見える大きさでプリントアウトし、真ん中で切り離し1枚ずつカード状にしておきます。

CD 66 Teacher Talk

① What do these kanji mean?
② This is *shiwasu*.
③ What does *shiwasu* mean?
④ *Shiwasu* is one of the months.
⑤ Which month is *shiwasu*?
⑥ Right! *Shiwasu* is December.
⑦ How about this?
⑧ This is *fumizuki* or *fuzuki*.
⑨ Which month is *fumizuki*?
⑩ Yes. It's July.
⑪ Let's play a card game.
⑫ I will tell you the name of the month in English.
⑬ Please get the card that shows the same month.
⑭ How do you say April in Japanese?
⑮ That's right. *Uzuki* is April.

[和訳]
①これらの漢字は何を表していますか？ ②これは師走です。③師走は何を表しますか？ ④師走は12カ月の一つです。⑤師走は何月ですか？ ⑥その通りです！ 師走は12月です。⑦これはどうですか？ ⑧これは文月です。⑨文月は何月ですか？ ⑩そうです。7月です。⑪カードゲームをしましょう。⑫先生が英語で月の名前を言います。⑬同じ月を表しているカードを取ってください。⑭Aprilは日本語で何と言いますか？ ⑮そうです、卯月は4月です。

活動3

サンタクロースがサーフィン？

準備するもの 世界の国の季節が分かる特徴的な写真など
所要時間 20分

■ 国によって違う季節のイメージを紹介

　世界のいろいろな国の春、夏、秋、冬にある祭りや行事、特徴ある風景の写真を見て、それが何月に撮影された写真であるかを考える活動をしましょう。

　2月に桜の咲いている沖縄の写真や、5月の北海道の桜の写真、8月に桜の咲いているブラジルのサンパウロの写真など、桜の季節だけでも咲く時期が地域や国によって違うことや、日本の花というイメージが強い桜が外国でも咲いていることに、児童は大変興味を示すはずです。また、サーフィンをしているオーストラリアのサンタクロースの写真などは、夏と冬の季節が逆転する南半球ならではのシーンです。富士山の1年を写した写真なども、季節感があり、何月の写真か尋ねると強く興味がわきます。写真はインターネットを利用すればかなり多く集められます。

　活動では、写真を見せてすぐに答えを言うのではなく、ヒントを少しずつ出し、徐々に答えにたどり着けるようなクイズ形式で進めましょう。オーストラリアでサーフィンをしているサンタクロースの写真を使用するのであれば、彼は何をしているのか、なぜそれをしているのか、場所はどこか、サンタクロースが現れるのはどの時期か、など少しずつ答えに導いていける活動を目指しましょう。英語で与えられたさまざまな情報を聞き取るいい機会になります。

CD 67 Teacher Talk

① Look at this picture.
② You can see beautiful cherry blossoms.
③ When was this picture taken?
④ In spring? What month is it?
⑤ March or April?
⑥ No. This picture was taken in August in Brazil.
⑦ In Brazil you can see beautiful cherry blossoms in August.
⑧ The next picture is very interesting.
⑨ What is he doing?
⑩ Yes. Santa Claus is surfing.
⑪ Why is he surfing?
⑫ Where is he doing this?
⑬ In which season does Santa Claus come to Australia?

[和訳]
①この写真を見てください。②きれいな桜の花です。③この写真はいつ撮られたでしょう？ ④春ですか？ 何月ですか？ ⑤3月か4月ですか？ ⑥いいえ。この写真は8月にブラジルで撮られました。⑦ブラジルでは8月にきれいな桜の花を見ることができます。⑧次の写真はとても面白いですよ。⑨彼は何をしていますか？ ⑩そうです。サンタクロースがサーフィンをしています。⑪なぜサーフィンをしているのでしょう？ ⑫彼はどこでサーフィンをしていますか？ ⑬サンタクロースはどの季節にオーストラリアにやって来ますか？

Part 3 季節・12カ月

比較

単に比べるといっても対象はさまざまです。児童の好みを聞く活動から単位を換算させる活動まで、高学年の興味に合うものを対象に選びましょう。

このテーマの目標 ☞
- □ 長さ、重さ、高さなど比較をする方法への興味を持つ。
- □ 異なる単位の言い方や、長さや重さなどを比較する言い方に慣れる。

▼ このテーマのポイント
見た目では比較できないものを取り上げる

簡単に比較できるものと、簡単には比較できないものがあります。並べてみたらすぐ分かるようなものの比較は低学年の活動には向いていますが、高学年の活動としてはあまり適してはいません。簡単に比較できないから面白いという活動にしましょう。算数や理科などで学習した経験を生かせるような、単位換算や、質量などが登場するよい機会になります。身近にあるものを、それまでと違った視点で見つめる活動にしましょう。

▼ 導入のポイント
比較の基本は「好き嫌い」

ものを比較する時に一番単純なのは、二つのものを比較して「どちらが好きか」と尋ねることです。二つのものを比較して、どちらが好きかを尋ねる質問から、三者択一や、四者択一の場面を設定して、ジャンル別にクラスの児童の好きなものベスト3を決める活動ができます。児童が関心度の高いジャンルを選ぶのではなく、先生や児童がその内容を英語で表現しやすいものを選ぶことが大切です。英語が難しくなる可能性が高いものや、英語があまり登場しないと予測されるものは、いくら楽しい活動でも、英語活動としての意味を持ちません。

また、見た目だけでは分からないものを実際に計る活動も取り入れましょう。大きさや重さを測ると面白そうなものを選び、予測させた後に、実際に測って正解を発表します。作業は単純ですが、結果の判断が難しいものを選びましょう。例えば、まっすぐではない2本のひものどちらが長いかを比べたり、同じくらいの大きさのキュウリとナスではどちらが重いかなどを比べたりしてみると、身近なものの比較が思ったより興味深い活動になります。

▼ 高学年向けの活動のポイント
単位換算を含む活動に発展させる

時速100kmの車と、秒速100mの車ではどちらが早いかなどを単位換算をして比較しましょう。4年生から算数で換算について学習しますので、英語活動の中で、学習した内容を生かすことができ復習にもなります。このような場面があると、算数と英語がつながっていると児童は感じます。

また、外国で使用されている単位、例えば、inch（インチ）やmile（マイル）のような長さを表わす単位や、ounce（オンス）やpound（ポンド）のような重さの単位に触れる機会にすることもできます。inchはテレビや自転車のサイズを示す言葉として日本でも知られていますが、その単位を使用してものを測るという場面はあまりありません。英語活動の中でその機会を持つことはとても意味のあることです。

活動1

クラスで一番人気の食べ物は？

準備するもの 食べ物などの写真を複数枚
所要時間 30分

■ 人気があるものを選ぶ

子どもの好きな食べ物の写真をたくさん用意して、二者択一の活動をしましょう。写真がなくてもできますが、写真があった方がリアリティーが高まり、児童が本気になって活動に取り組みます。

例えば、そばとラーメンの写真を見せて、どちらが好きかを尋ねます。次にホットドッグとハンバーガーを見せて、どちらが好きかを尋ね、その後もカレーライスとスパゲッティ、すしとオムライスなど子どもに人気のある食べ物を取り上げて、トーナメント方式で、一番好きな食べ物を決める活動をしましょう。子どもたちにはどちらか好きな方に手を上げさせます。

この活動では食べ物以外にも、取り上げるジャンルによって、さまざまな種類のものの名前に触れることができ、必然的に手を上げた人数を数える機会にもなります。同じ食べ物でも、好きなアイスクリームの味のベスト3が決まったり、一番人気があるみそ汁の具が決まったりします。

活動の基本は児童の「好き嫌い」となりますので、他にもいろいろなものを比べることができますが、比較の対象は児童の生活に身近なものから選ぶようにしましょう。食べ物以外には飲み物や、果物、教科、スポーツ、音楽、ペット、旅行先など英語で説明しやすいものを取り上げるといいでしょう。

Part 3 比較

CD 68 **Teacher Talk**

① This is a hamburger.
② This is a hot dog.
③ Which do you like better, hamburgers or hot dogs?
④ Who likes hamburgers better?
⑤ Please raise your hand.
⑥ One, two, three, four, five.
⑦ Who likes hot dogs better?
⑧ How many people are there?
⑨ Please count them.
⑩ The winner is hamburgers.
⑪ Do you like ice cream?
⑫ I like ice cream very much.
⑬ What flavor do you like best?
⑭ I like chocolate ice cream.
⑮ Who likes chocolate ice cream best?

[和訳]
①これはハンバーガーです。②これはホットドッグです。③ハンバーガーとホットドッグどちらが好きですか？ ④ハンバーガーの方が好きなのは誰ですか？ ⑤手を上げてください。⑥1、2、3、4、5。⑦ホットドッグの方が好きな人は誰ですか？ ⑧何人いますか？ ⑨数えてください。⑩ハンバーガーの方が多いですね。⑪アイスクリームは好きですか？ ⑫私は大好きです。⑬何味が一番好きですか？ ⑭私はチョコレートのアイスクリームが好きです。⑮チョコレートのアイスクリームが一番好きな人は誰ですか？

活動2

どちらが大きい？ 重い？

準備するもの 地図帳、図鑑など
所要時間 20分

■ 児童に身近なものを比べる対象に

石狩川と利根川の長さの比較や、東北新幹線と東海道新幹線の長さの比較など、児童の関心があるものを選んで、長さの比較をしましょう。距離や長さの比較だけでなく、動物の体重などを比較するクイズも作ることができます。例えば、アフリカゾウと3台の車ではどちらが重いか、生まれたばかりのパンダの赤ちゃんと犬の赤ちゃんではどちらが重いかなどです。

比べる対象は、身近にあるものを比較するものとして選んでおくと、子どもは興味を示します。例えば、高学年の児童の身長や体重と、動物や魚のそれらを比べたり、校舎などの建造物の高さと樹木の高さを比べたりします。学校の25mプールとシロナガスクジラはどちらが大きいかなど、その大きさを体感できるものを対象にすると興味を増します。他にも地図帳を利用して、国の面積や気候の比較などをすることもできます。

ポイントは、見てすぐにどちらが大きい、小さい、長い、短いなどが分かるもの同士ではなく、ちょっと考えたり調べたりしなければ分からないものを比べることです。

児童の興味、関心に合わせて、地図帳や動物図鑑などを活用して、楽しいクイズを作ってください。児童がオリジナルの問題を作って発表する活動を取り入れてもいいでしょう。

CD 69 Teacher Talk

① Which is longer, the Ishikari River or the Tone River?
② How many kilometers long is the Ishikari River?
③ What is the longest river in Japan?
④ Yes. The Shinano River is the longest river in Japan.
⑤ Which is heavier, an African elephant or three cars?
⑥ That's right.
⑦ An African elephant is heavier than three cars.
⑧ Make your own original question with an atlas.
⑨ Koichi, what question did you make?

[和訳]
①石狩川と利根川はどちらが長いですか？ ②石狩川は何kmですか？ ③日本で一番長い川は何ですか？ ④そうです、信濃川が一番長い川です。 ⑤アフリカゾウと3台の車はどちらが重いですか？ ⑥その通りです。 ⑦アフリカゾウの方が3台の車より重いです。 ⑧地図帳を使ってオリジナルのクイズを作ってください。 ⑨コウイチ、どんなクイズを作りましたか？

活動3

インチで測ろう

準備するもの ワークシート「インチとセンチの定規」と「インチではかろう」(36.pdf)
所要時間 30分

■ 算数で学習した単位換算を生かした活動

長さや重さにはいろいろな単位があります。算数の学習で行った単位換算を活用した活動をしましょう。インチとセンチメートルの換算や、グラムとポンドの換算、さらに円からドルのお金の単位の換算もできます。英語を通して行うことで、すでに学んだ換算の学習内容が英語活動の中で生きてきます。

日本ではテレビや自転車の大きさなどを表す時にインチの単位を使いますが、実生活ではセンチメートルやメートルを使っているため、1インチがどれくらいの長さなのか分からない児童が多いでしょう。

ワークシート(36.pdf)にある「インチとセンチの定規」と「インチではかろう」を使って、体の部分など身の回りの物を測り、測ったものを記入しましょう。

長さの言い方は1インチ(2.54cm)の半分が2分の1インチ(a half)、さらに半分が4分の1インチ(a quarter)となり、4分の3インチはthree quartersとなります。定規のシートでは4分の1インチまで測れます。

■ ワークシートの使い方

① 「インチとセンチの定規」をB4サイズにページ指定して、「ページの拡大/縮小」を「なし」でプリントアウトしてください。12インチと30cmです。
② 「インチではかろう」を児童数分コピーをして、1枚ずつ配ります。

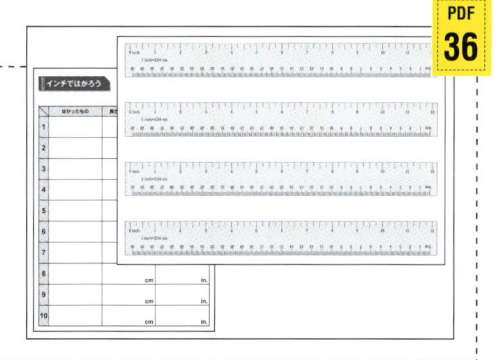

CD 70

Teacher Talk

① This is a 12-inch ruler.
② Twelve inches is about 30 centimeters.
③ Twelve inches is one foot.
④ Please measure your hand.
⑤ How many inches long is your hand from here to here?
⑥ My hand is seven inches long.
⑦ One inch is 2.54 centimeters.
⑧ So, my hand is about 18 centimeters long.
⑨ How many inches is it around your neck?
⑩ Calculate it in centimeters.

[和訳]
①これは12インチの定規です。②12インチは約30cmです。③12インチは1フィートです。④自分の手を測ってください。⑤手のここからここまでは何インチですか? ⑥私の手は7インチです。⑦1インチは2.54cmです。⑧私の手は、約18cmです。⑨首回りは何インチですか? ⑩cmで計算してください。

天気

天気と言えば外を見て晴れか曇りかなどを尋ねることが多いですが、高学年の英語活動では、いろいろな地域の天気を紹介して世界に目を向けさせることが重要です。

このテーマの目標
- □ 世界の天気の様子を知り、天気への興味を増す。
- □ 天候、気候の言い方に慣れる。

このテーマのポイント
天候・気候の言い方を幅広くとらえる

How's the weather?（天気はどうですか？）という質問をされると、空もようを尋ねられているように感じますが、実際には、晴れや雨のような「天候」だけでなく、暑い、寒いなどの「気候」を尋ねる意味も含まれています。したがって、このユニットでは、天候と気候の両方の言い方に触れることを目指しましょう。

日本の天候や気候を表す語句だけでなく、世界には日本では考えられないような気候が存在します。それらの表現にちょっと触れるだけでも、高学年の児童は天候、気候への興味を高めます。

導入のポイント
天気記号を十分に活用して表現に親しむ

天気と言えば、天気図にある天気記号を思い浮かべます。一般的に日本で使用されている天気記号は日本の天気に適したマークとして、日本で考案されたマークで、世界的に使用されているものは国際式の記号があります。活動では日本式の記号を使いましょう。例えば雨が降っている状態を示す●のマークの右に、片仮名の「キ」が小さく書かれていれば、「霧雨」の意味です。同じ雨でもただrainyというだけでなく、霧雨を示す、drizzlyなどの言葉に触れる機会になります。天気の表現には低学年の頃から慣れている児童も多いですが、日本の天気を示す言葉を入口にすると、英語で天気に関するたくさんの新しい語句に触れる機会となります。湿度の高さや、雨に関する語はたくさんありますので、天気の活動の導入にはふさわしいでしょう。

高学年向けの活動のポイント
世界の天気に目を向ける

天気予報を確認する時は、自分が住んでいるところが中心になりますが、旅行に行く時などは、当然旅行先の天気が気になります。日本各地の天気に目を向けたり、外国に行くことなどを想定したりして、天気予報を調べる活動をしましょう。

インターネットの天気に関するサイトを調べると、日本の各地の天気だけでなく、世界各地の天気の様子を見ることができます。日本が夏の暑い時期に、冬を迎えている国があることや、その国の気温が何度ぐらいかなどが克明にわかります。また、ライブカメラの映像を見て、傘をさして歩いている人がいれば、雨が降っていることが分かりますし、さらに着ているものの様子で、暑さや寒さが目で理解できます。インターネットを最大限に活用するチャンスです。さまざまなデータや映像を活用した活動を考えましょう。

> 活動1

この記号はどんな天気？

準備するもの 絵カード「天気記号」(37.pdf)
所要時間 20分

■ 天気記号を入口に天気の表現を導入

高学年の理科では、天気図の読み方が登場します。天気図にはいろいろな記号が使われていますので、これらの天気記号を活用して、理科の学習とリンクした活動ができます。

普段テレビや新聞などの天気予報で目にする天気記号は、日本式の天気記号です。例えば、雨を示す「●」の記号の右下に小さな「キ」をつけて「●ｷ」とすると「霧雨」の記号になります。

絵カードを使って、一つ一つの天気記号の意味を尋ねる活動をしましょう。天気記号を一通り英語で説明したら、新聞などの天気図のコピーを利用して、天気記号を尋ねる活動にも発展できます。

《天気記号》

clear(快晴の)、sunny(晴れた)、cloudy(曇った)、rainy(雨が降っている)、drizzly(霧雨が降っている)、foggy(霧がかった)、snowy(雪が降っている)、stormy(雷雨の)

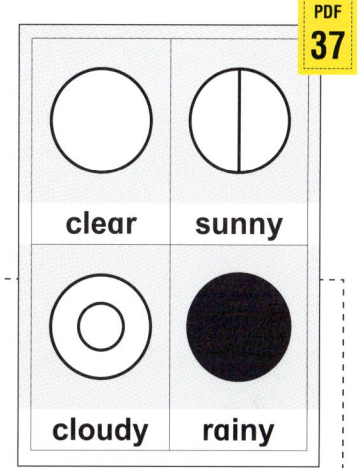

PDF 37

| clear | sunny |
| cloudy | rainy |

■ 絵カードの使い方

① B4サイズやA3サイズなど、児童によく見える大きさでプリントアウトしておきます。
② 1枚ずつ切り離しカード状にしておきます。

CD 71

Teacher Talk

① Look at this mark.
② Do you know what this mark is?
③ There is a small circle in a big circle.
④ What does this mark mean?
⑤ You can find this mark on a weather chart.
⑥ Does this mark mean cloudy or sunny?
⑦ Yes. This mark means cloudy.
⑧ It has ｷ next to the black circle.
⑨ Do you get it?
⑩ It's a rain and fog mark.
⑪ That's right.
⑫ It's drizzle.

[和訳]
①この記号を見てください。②この記号が何か分かりますか？ ③大きな円の中に小さな円があります。④この記号は何を表していますか？ ⑤これは、天気図で見ることができます。⑥このマークは、晴れか曇りどちらを表していますか？ ⑦そうです。この記号は曇りを表しています。⑧これは黒丸の横にキと書かれています。⑨分かりますか？ ⑩雨と霧です。⑪その通り。⑫霧雨です。

活動2

週末の天気を確認しよう

準備するもの 週間天気予報のコピー
所要時間 20分

■ 児童が天気や気温を調べる活動に

その週にある授業や行事などと天気を結びつけた活動です。曜日と天気の表現だけでなく教科名や行事名を組み合わせることで、実際の予定と結びついたリアリティーのある活動となります。これまでの活動で触れた内容を取り入れて、効果的な復習となるような予定を作りましょう。必要に応じて天気、気温が分かる週間天気予報を事前にコピーしておきます。

まず、週間天気予報を確認します。次に、何曜日に何の教科があるかを児童に尋ねます。体育や外で行う行事があれば、その日の天気について児童に質問しましょう。

先生や児童が週末の予定などを言って、児童に天気を調べさせる活動に広げることもできます。

また週間天気予報で、気温も確認しましょう。夏や冬であれば当然hot(暑い)、cold(寒い)という表現が出てきますし、春や秋であれば、warm(暖かい)、cool(涼しい)、梅雨の時期であれば、humid(じめじめした)という表現にも触れることができます。この場合も"How will the weather be on ○○?"の表現を使うことができます。

CD 72 Teacher Talk

① When do you have P.E.?
② Yes. We have P.E. on Wednesday.
③ We're going to play soccer outside.
④ Let's check the weather on Wednesday.
⑤ Sakura, how will the weather be on Wednesday?
⑥ Oh, rainy?
⑦ It'll be rainy on Wednesday.
⑧ How will the weather be on Friday?
⑨ We're going to have a field trip.
⑩ Good. It'll be sunny on Friday.
⑪ I'm going to climb a mountain on Saturday.
⑫ Sho, can you check the weather on Saturday?

[和訳]
①体育はいつありますか？ ②はい、体育は水曜日にあります。③外でサッカーをしようと思います。④水曜日の天気を調べましょう。⑤サクラ、水曜日の天気はどうですか？ ⑥おや、雨ですか？ ⑦水曜日は雨のようです。⑧金曜日の天気はどうですか？ ⑨金曜日は遠足があります。⑩よかった。金曜日は晴れるようです。⑪次の土曜日に山登りに行こうと思います。⑫ショウ、土曜日の天気を確認してもらえますか？

活動3

ワシントンの気温は92度!?

準備するもの ワークシート「摂氏と華氏をくらべよう」(38.pdf)
所要時間 30分

■ 世界の天気で摂氏と華氏に触れる

　世界の天気や気候をテーマにした活動です。国や地域によっては日本にはない天気や気候がたくさんありますので、さまざまな天気や気候、表現の仕方について触れましょう。世界の天気については、インターネットで確認できます。ライブカメラを利用できるウェブサイトでは、世界各国の現在の映像をリアルタイムで見ることができますので、現地の天気や気温がはっきりと分かり、暑いか寒いかなど調べる活動へ発展できます。

　また気温については、日本では摂氏(Celsius)で気温を表しますが、アメリカでは華氏(Fahrenheit)を使って表します。華氏での表記は主にアメリカの天気予報のウェブサイトなどで確認できます。摂氏や華氏についても触れると、子どもが興味を持って活動に取り組むでしょう。摂氏と華氏の換算表は、ワークシートに収録されています。ちなみに、Celsiusはスウェーデン人の天文学者、Fahrenheitはドイツ人の物理学者の名前です。

■ ワークシートの使い方
① 児童数分コピーをして、1枚ずつ配ります。
② 世界各国の都市の気温や天気を調べて、空欄に記入させます。

CD 73　Teacher Talk

① Let's check the world weather.
② Washington D.C. is the capital of the U.S.
③ How's the weather in Washington D.C.?
④ Yes. It's sunny.
⑤ What's today's high temperature in Washington D.C.?
⑥ Yes. It's 92 degrees.
⑦ 92 degrees Fahrenheit is 33 degrees Celsius.
⑧ It's very hot in Washington D.C.
⑨ Next, let's check the weather in Australia.
⑩ What season is it in Australia?

[和訳]
①世界の天気を調べましょう。②ワシントンはアメリカの首都です。③ワシントンの天気はどうですか？ ④そうです。晴れです。⑤ワシントンの今日の最高気温は何度ですか？ ⑥そうです。92度です。⑦華氏92度は摂氏33度です。⑧ワシントンはとても暑いですね。⑨次はオーストラリアの天気を確認しましょう。⑩オーストラリアの季節は何ですか？

活動4

雨が多いのは何月？

準備するもの 児童が住んでいる地域などの降水量のデータ
所要時間 30分

■ 日本の気候の特徴を調べる活動

日本は四季の移り変わりや、年間の天気や気候の変化が大きい国といえます。それらは、人々のあいさつや会話の中にも、季節の話題や天気や気候の様子が多く盛り込まれていることからも分かります。日本人にとって天候や気候についての言葉はなくてはならないものと言えます。特に、日本語には「時雨」「五月雨」「夕立」「通り雨」「春雨」など、たくさんの雨を表す言葉があります。これは雨が日本人の生活に密接にかかわっていることを表しています。

毎年梅雨の時期や台風が発生しやすい夏は降水量が多い傾向にあり、豪雪地帯では冬の間の降水量が多くなります。各地の降水量のデータを使って英語活動をすると、大きな数字の読み方や月の名前の言い方などを組み合わせた興味深い活動ができます。

気象庁のウェブサイトでは日本各地の気象観測地点でのデータが公表されていますので、児童が住んでいる地域の降水量を調べて題材として利用しましょう。地域によって雨の多く降る時期が異なりますので、月の名前を何度も登場させることもできます。

学校のある地域の降水量から始めて、天気や気候が違う地域や、児童の祖父母が住んでいる地域などいろいろな地域を取り上げてみるとたくさんの発見があります。

CD 74 Teacher Talk

① I live in Yokohama.
② Which month had the highest rainfall in Yokohama last year?
③ Was it June or July?
④ Look at this chart.
⑤ In August, we had 420 millimeters of rain in Yokohama.
⑥ How much did it rain in June?
⑦ Let's say this number in English.
⑧ It's seventy-eight.
⑨ What a surprise!
⑩ We had only 78 millimeters of rain in June.
⑪ Let's check the rainfall amount in Yakushima.
⑫ Which month has the highest rainfall in Yakushima?
⑬ Yes. It's June.
⑭ Yakushima had more than 1,000 millimeters of rain last June.

[和訳]
①私は横浜に住んでいます。②去年、横浜で一番雨が多かったのは何月ですか？ ③6月ですか？ それとも7月ですか？ ④この表を見てください。⑤横浜では、8月に420mmの雨が降りました。⑥6月はどれくらい降りましたか？ ⑦この数字を英語で言ってください。⑧78です。⑨驚きですね。⑩6月はたった78mmの雨しか降りませんでした。⑪屋久島の降水量を調べましょう。⑫屋久島で一番雨が多いのは何月ですか？ ⑬そうです。6月です。⑭屋久島では去年の6月に1,000mm以上も雨が降りました。

ALTとのコミュニケーションフレーズ

ALTとのティームティーチングを成功させるには、ALTとのコミュニケーションが不可欠です。打ち合わせや授業中などで使えるフレーズをまとめました。

CD Track 75

自己紹介、授業前の確認

I'm Masato Ikeda.
イケダマサトです。

Nice to meet you.
初めまして。

Have you taught at an elementary school before?
これまで小学校で教えたことはありますか？

This is today's plan.
これは今日の指導案です。

Could you give me some advice?
アドバイスをいただけますか？

What do you need for the lesson?
英語活動には何が必要ですか？

May I ask you a question?
質問してもいいですか？

What does this mean?
これはどういう意味ですか？

How do you pronounce this word?
この単語はどう発音しますか？

Pardon? / Excuse me?
もう一度お願いします。

Will you check this?
これを確認してもらえますか？

CD Track 76

授業中、授業後の確認

Please introduce yourself to the students.
児童に自己紹介してください。

Please pronounce it clearly.
分かりやすい発音で話してください。

Please speak more slowly.
もう少しゆっくり話してください。

Could you explain the rules of the game?
ゲームのルールを説明していただけますか？

Please play a game with the students.
児童と一緒にゲームをしてください。

How was the lesson?
授業はどうでしたか？

Are there any problems you've noticed?
何か気付いた点はありますか？

It was too easy for the sixth graders.
6年生にとっては少し簡単過ぎました。

Do you have time to talk about the next lesson?
次の授業について話す時間はありますか？

Do you have any requests for the lesson?
授業に何かリクエストはありますか？

データCD収録内容一覧

音声（英語フレーズ）
PDF（絵カード・ワークシート）

CDには各活動のティーチャートークなどの英語のフレーズ音声と、活動で使えるワークシート、絵カードのデータがPDF形式で収録されています。117ページ〜119ページには、絵カード収録単語とワークシートの答えも掲載していますので参考にしてください。

音声一覧

Track	内容	Page
01	【形】身の回りにある形を見つけよう	013
02	【形】立体は何でできている？	014
03	【形】何に見えるかな？	015
04	【色】これはどこの国のポスト？	017
05	【色】「ぶんぶんごま」を作ろう	018
06	【色】この国旗には何色がある？	019
07	【色】春は何色？	020
08	【数字】この形はいくつ？	023
09	【数字】ローマ数字で答えよう	024
10	【数字】オリジナルの数字を作ろう	025
11	【数字】地球の直径はどれくらい？	026
12	【時刻】英語で足し算にチャレンジしよう	029
13	【時刻】今、何時かな？	030
14	【時刻】時刻を当てよう	031
15	【時刻】世界の国は今何時？	032
16	【アルファベット】アルファベットソングを歌おう	035
17	【アルファベット】自分の名前で手を上げよう	036
18	【アルファベット】誰の名前か分かるかな？	037
19	【アルファベット】ペーパーキーボードで練習しよう	038
20	【ほめる・はげますフレーズ】ほめる	040
21	【ほめる・はげますフレーズ】はげます	040
22	【家の中】どの家に住みたい？	043
23	【家の中】リビングルームには何がある？	044
24	【家の中】自分の部屋に欲しいものは？	045
25	【動物】キリンの足型は二つ？	047
26	【動物】シロナガスクジラは何を食べる？	048
27	【動物】「河馬」の由来は？	049
28	【動物】「ウマ」が表す時刻は？	050
29	【学校・教室】英語で1塁〜3塁は何て言う？	053
30	【学校・教室】音楽室はどこにある？	054
31	【学校・教室】これはどこにある？	055
32	【教科・時間割】クラスで人気の教科ベスト3は？	057
33	【教科・時間割】体育は何曜日の何時間目にある？	058
34	【教科・時間割】英語で時間割を書こう	059
35	【スポーツ】キックベースをしよう	061
36	【スポーツ】自分の記録を測ってみよう	062
37	【スポーツ】世界記録と比べてみよう	063
38	【料理】この道具は何に使う？	065
39	【料理】カレーライスを作ろう	066
40	【料理】パンケーキを作ろう	067
41	【料理】どの国の料理が好き？	068
42	【植物】これは何の花？	071
43	【植物】植物はいくつに分かれている？	072
44	【植物】どの部分を食べている？	073
45	【買い物】パーティーを計画しよう	075
46	【買い物】欲しいものリストを作ろう	076
47	【買い物】外国ではいくらかな？	077
48	【買い物】日本が買っているものは？	078
49	【クラスルームイングリッシュ】授業の流れに沿って使えるフレーズ	080
50	【クラスルームイングリッシュ】いろいろな場面で使えるフレーズ	080
51	【乗り物】どれに乗りたいかな？	083
52	【乗り物】一番速いのはどれ？	084
53	【乗り物】東京ー大阪間は何時間？	085
54	【乗り物】行ってみたい場所はどこ？	086
55	【西暦・年齢】100を作ろう	089
56	【西暦・年齢】これはいつ建てられた？	090
57	【西暦・年齢】先生と学校はどっちが若い？	091
58	【方位・地図】N, S, E, Wが表しているものは？	093
59	【方位・地図】北はどの方角？	094
60	【方位・地図】これは何の記号？	095
61	【方位・地図】家の方角、距離を調べよう	096
62	【人物紹介】これは誰だろう？	099
63	【人物紹介】この人の職業は何だろう？	100
64	【人物紹介】福沢諭吉ってどんな人？	101
65	【季節・12カ月】この花はいつ咲く？	103
66	【季節・12カ月】神無月は何月？	104
67	【季節・12カ月】サンタクロースがサーフィン？	105
68	【比較】クラスで一番人気の食べ物は？	107
69	【比較】どちらが大きい？ 重い？	108
70	【比較】インチで測ろう	109
71	【天気】この記号はどんな天気？	111
72	【天気】週末の天気を確認しよう	112
73	【天気】ワシントンの気温は92度!?	113
74	【天気】雨が多いのは何月？	114
75	【ALTとのコミュニケーションフレーズ】自己紹介・授業前の確認	115
76	【ALTとのコミュニケーションフレーズ】授業中・授業後の確認	115

PDFファイル一覧

Track	内容	Page
01.pdf	【絵カード】形	013
02.pdf	【ワークシート】「ぶんぶんごま」を作ろう	018
03.pdf	【絵カード】国旗	019 / 068
04.pdf	【ワークシート】想ぞうして色をぬってみよう	020
05.pdf	【絵カード／ワークシート】マヤ数字／マヤ数字に挑戦	023
06.pdf	【ワークシート】ローマ数字で答えよう	024
07.pdf	【ワークシート】オリジナルの数字を作ろう	025
08.pdf	【カード】数字	029
09.pdf	【ワークシート】時間を書こう	030
10.pdf	【シート】逆転時計	031
11.pdf	【ワークシート】世界時計を作ろう	032
12.pdf	【ワークシート】アルファベットソングを歌おう	035
13.pdf	【ワークシート】ペーパーキーボードで練習しよう1, 2	038
14.pdf	【ワークシート】新しい家に引っこそう	043
15.pdf	【ワークシート】リビングルームには何がある	044
16.pdf	【シート】動物の足型	047
17.pdf	【ワークシート】どの動物のことかな	049
18.pdf	【絵カード／ワークシート】干支／時刻を表す干支の名前を入れよう	050
19.pdf	【絵カード】教室の名前	054
20.pdf	【絵カード】教科の名前	057 / 059
21.pdf	【絵カード】曜日の名前	058 / 059
22.pdf	【ワークシート】英語で時間割を書こう	059
23.pdf	【ワークシート】どの国の料理が好きかな	068
24.pdf	【ワークシート】どの野菜の花かな	071
25.pdf	【絵カード】植物の部分	072 / 073
26.pdf	【ワークシート】ジャガイモはどの部分かな	073
27.pdf	【ワークシート】買い物リストを作ろう	075
28.pdf	【ワークシート】ほしいものリストを作ろう	076 / 077
29.pdf	【ワークシート】どれに乗りたいかな	083
30.pdf	【ワークシート】旅行計画を立てよう	086
31.pdf	【ワークシート】8方位を確認しよう	093
32.pdf	【シート】Map of Japan、World Map	094
33.pdf	【絵カード】地図記号	095
34.pdf	【ワークシート】この花はいつさくのかな	103
35.pdf	【絵カード】12カ月の名前	104
36.pdf	【ワークシート】インチとセンチの定規、インチではかろう	109
37.pdf	【絵カード】天気記号	111
38.pdf	【ワークシート】摂氏と華氏をくらべよう	113

※ 絵カード・ワークシートの作成に当たり、国土交通省のウェブサイト、『どうぶつのあしがたずかん』(岩崎書店)を参考にしました。

絵カード収録語・ワークシートの答え

01.pdf 形

triangle (三角形)、square (四角形)、rectangle (長方形)、circle (円)、oval (だ円)、pentagon (五角形)、hexagon (六角形)、octagon (八角形)、star (星型)、heart (ハート形)、sector (扇形)、diamond (ひし形)

03.pdf 国旗

Japan (日本)、Korea (韓国)、China (中国)、India (インド)、Mongolia (モンゴル)、Russia (ロシア)、Canada (カナダ)、the U.S. (アメリカ)、Mexico (メキシコ)、Brazil (ブラジル)、Ecuador (エクアドル)、New Zealand (ニュージーランド)、Australia (オーストラリア)、the UK (イギリス)、France (フランス)、Italy (イタリア)、Spain (スペイン)、Greece (ギリシャ)、Norway (ノルウェー)、Saudi Arabia (サウジアラビア)、Egypt (エジプト)、Kenya (ケニア)、Ghana (ガーナ)、Senegal (セネガル)

05.pdf マヤ数字／マヤ数字に挑戦

◯ = 0、• = 1、•• = 2、••• = 3、•••• = 4、— = 5、⊥ = 6、⊥⊥ = 7、⊥⊥⊥ = 8、⊥⊥⊥⊥ = 9、≡ = 10、≡ = 11、≡ = 12、≡ = 13、≡ = 14、≡ = 15、≡ = 16、≡ = 17、≡ = 18、≡ = 19、◯ = 20
ワークシートの答え (左上から右に):20、15、11、5、13

06.pdf ローマ数字で答えよう

[Question3] 634 (m)、DCXXXIV
[Question4] 2,276 (km^2)、MMCCLXXVI
[Question5] 367 (km)、CCCLXVII
[Question6] 3,776 (m)、MMMDCCLXXVI

NEXT →

絵カード収録単語・ワークシートの答え

11.pdf 世界時計を作ろう
Akashi〈Japan〉（明石〈日本〉）、Seoul（ソウル）、Sydney（シドニー）、Hawaii（ハワイ）、New York（ニューヨーク）、Rio de Janeiro（リオデジャネイロ）、London（ロンドン）、Moscow（モスクワ）、New Delhi（ニューデリー）、Shanghai（上海）

12.pdf アルファベットソングを歌おう
A a （apple）、B b （boy）、C c （carrot）、D d （dolphin）、E e （elephant）、F f （fork）、G g （girl）、H h （hat）、I i （ice cream）、J j （juice）、K k （kangaroo）、L l （lion）、M m （milk）、N n （NO）、O o （onion）、P p （pig）、Q q （question）、R r （rocket）、S s （spoon）、T t （turtle）、U u （umbrella）、V v （volleyball）、W w （watch）、X x （xylophone）、Y y （YES）、Z z （zoo）

13.pdf ペーパーキーボードで練習しよう1
①長万部：oshamanbe　②読谷村：yomitanson
③羽咋：hakui　④福生：fussa　⑤御徒町：okachimachi
⑥我孫子：abiko

14.pdf 新しい家に引っこそう
リビング（living room）、バルコニー（balcony）、和室（Japanese-style room）、洋室（bedroom / Western-style room）、キッチン（kitchen）、トイレ（restroom）、浴室（bathroom）、クローゼット（closet）、下駄箱（shoe cupboard）、廊下（hallway）、玄関（entrance）、ポーチ（porch）

15.pdf リビングルームには何がある
ソファ（sofa）、テレビ（TV）、本棚（bookshelf）、本（books）、テーブル（table）、雑誌（magazines）、じゅうたん（carpet）、ランプ（lamp）、鉢植え（potted plant）、カーテン（curtains）

17.pdf どの動物のことかな
イルカー dolphin －海豚、カバー hippopotamus －河馬、カタツムリー snail －蝸牛、アザラシー seal －海豹、ラクダー camel －駱駝、エビー shrimp －海老、クラゲー jellyfish －水母、トンボー dragonfly －蜻蛉

18.pdf 干支
mouse（子）、cow（丑）、tiger（寅）、rabbit（卯）、dragon（辰）、snake（巳）、horse（午）、sheep（未）、monkey（申）、rooster（酉）、dog（戌）、wild boar（亥）

19.pdf 教室の名前
principal's office（校長室）、teachers' office（職員室）、classroom（教室）、music room（音楽室）、science room（理科室）、restroom（トイレ）、gym（体育館）、playground（校庭）、nurse's office（保健室）

20.pdf 教科の名前
Japanese（国語）、math（算数）、science（理科）、social studies（社会）、arts and crafts（図画工作）、home economics（家庭科）、music（音楽）、P.E.（体育）、English（英語）

21.pdf 曜日の名前
Sunday（日曜日）、Monday（月曜日）、Tuesday（火曜日）、Wednesday（水曜日）、Thursday（木曜日）、Friday（金曜日）、Saturday（土曜日）

23.pdf どの国の料理が好きかな
Korea － Korean food、France － French food、China － Chinese food、Japan － Japanese food、Italy － Italian food、India － Indian food　① Japanese
② Korean　③ Indian　④ Italian　⑤ Chinese　⑥ French

24.pdf どの野菜の花かな

A：① tomato（トマト）　B：④ string bean（インゲン）
C：⑩ onion（タマネギ）　D：② eggplant（ナス）
E：⑧ pumpkin（カボチャ）　F：⑨ potato（ジャガイモ）
G：⑤ carrot（ニンジン）　H：① cucumber（キュウリ）
I：⑥ green pepper（ピーマン）　J：③ burdock（ゴボウ）

25.pdf 植物の部分

root（根）、stem（茎）、leaf（葉）、flower（花）、fruit（実）、seed（種）

26.pdf ジャガイモはどの部分かな

root（根）：④ sweet potato（サツマイモ）、⑫ burdock（ゴボウ）／ stem（茎）：① potato（ジャガイモ）、⑪ asparagus（アスパラガス）／ leaf（葉）：② lettuce（レタス）、⑥ spinach（ホウレンソウ）／ flower（花）：⑤ broccoli（ブロッコリー）、⑩ cauliflower（カリフラワー）／ fruit（実）：③ pumpkin（カボチャ）、⑨ tomato（トマト）／ seed（種）：⑦ chestnut（クリ）、⑧ rice（白米）

29.pdf どれに乗りたいかな

① helicopter（ヘリコプター）　② horse（ウマ）
③ motorcycle（バイク）　④ unicycle（一輪車）
⑤ submarine（潜水艦）　⑥ taxi（タクシー）
⑦ airplane（飛行機）　⑧ camel（ラクダ）　⑨ car（車）
⑩ linear motor car（リニアモーターカー）
⑪ hot-air balloon（気球）　⑫ ship（船）　⑬ baby stroller（ベビーカー）　⑭ UFO（ユーフォー）　⑮ elephant（ゾウ）
⑯ Shinkansen（新幹線）　⑰ fire engine（消防車）
⑱ spaceship（宇宙船）　⑲ F1 race car（F1 カー）
⑳ bicycle（自転車）　㉑ yacht（ヨット）　㉒ skateboard（スケートボード）　㉓ police car（パトカー）　㉔ dump truck（ダンプカー）　㉕ bus（バス）　㉖ ambulance（救急車）　㉗ train（電車）

33.pdf 地図記号

school（学校）、shrine（神社）、temple（寺）、library（図書館）、factory（工場）、museum（美術館、博物館）、city hall（市役所）、post office（郵便局）、hospital（病院）、fire station（消防署）、police station（警察署）、police box（交番）、

34.pdf この花はいつさくのかな

① tulip（チューリップ）：spring、April / May　② pansy（パンジー）：winter / spring、December / January / February / March / April / May　③ hydrangea（アジサイ）：summer、June / July　④ sunflower（ヒマワリ）：summer、July / August　⑤ morning glory（アサガオ）：summer / fall（autumn）、July / August / September　⑥ lily of the valley（スズラン）：spring、March / April　⑦ poinsettia（ポインセチア）：fall（autumn）/ winter、November / December / January　⑧ lily（ユリ）：spring / summer、May / June / July / August　⑨ violet（スミレ）：spring、March / April　⑩ hyacinth（ヒヤシンス）：spring、March / April
※ 開花時期は、地域や環境によって前後する場合があります。

35.pdf 12カ月の名前

睦月 ― January、如月 ― February、弥生 ― March、卯月 ― April、皐月 ― May、水無月 ― June、文月 ― July、葉月 ― August、長月 ― September、神無月 ― October、霜月 ― November、師走 ― December

37.pdf 天気記号

clear（快晴の）、sunny（晴れた）、cloudy（曇った）、rainy（雨が降っている）、drizzly（霧雨が降っている）、foggy（霧がかった）、snowy（雪が降っている）、stormy（雷雨の）

[小学校]英語活動ネタのタネ

発行日	2011年10月10日（初版）
	2019年7月18日（第4刷）
著者	小泉清裕
編集	株式会社アルク キッズ事業開発部
英文校正	Peter Branscombe、Owen Schaefer
アートディレクション	岡 優太郎
イラスト	矢戸優人（本文／PDF）、タニグチコウイチ／仲西太／上田春樹／住井陽子／いそのみつえ（PDF）
ナレーション	Carolyn Miller、Peter von Gomm
録音・編集	株式会社ジェイルハウス・ミュージック
CDプレス	株式会社ソニー・ミュージックソリューションズ
DTP・PDF制作	株式会社創樹
印刷・製本	広研印刷株式会社
発行者	田中伸明
発行所	株式会社アルク
	〒102-0073 東京都千代田区九段北4-2-6　市ヶ谷ビル
	TEL：03-3556-5501
	FAX：03-3556-1370
	Email：csss@alc.co.jp
	Website：https://www.alc.co.jp/

落丁本、乱丁本は弊社にてお取り替えいたしております。
アルクお客様センター（電話：03-3556-5501　受付時間：平日9時～17時）までご相談ください。
本書の全部または一部の無断転載を禁じます。著作権法上で認められた場合を除いて、本書からのコピーを禁じます。
定価はカバーに表示してあります。データCDの取り扱いについては10ページに記載しています。
製品サポート：https://www.alc.co.jp/usersupport/

©2011 Kiyohiro Koizumi / ALC PRESS INC.
　　Mitsue Isono
Printed in Japan.
PC：7011074　ISBN：978-4-7574-2020-5

地球人ネットワークを創る
アルクのシンボル
「地球人マーク」です。